Stefan Zweig

Triumph und Tragik des Erasmus von Rotterdam

„Der erste bewusste Europäer, der erste streitbare Friedensfreund und der beredteste Anwalt des humanistischen, des weit- und geistesfreundlichen Ideals“ sei Erasmus von Rotterdam gewesen, so Stefan Zweig. Als prominenter Kritiker des Klerus wurde er zu einem wichtigen Wegbereiter der Reformation. Doch es ist nicht nur eine einzige große Lobrede, die Zweig hier vorbringt. Scharfsinnig analysiert er die Hemmnisse, mit denen der großen niederländischen Denker sich selbst im Wege stand.“ *Redaktion Gröls-Verlag* (Edition I Werke der Weltliteratur)

Redaktionelle Hinweise und Impressum

Das vorliegende Werk wurde zugunsten der Authentizität sehr zurückhaltend bearbeitet. So wurden etwa ursprüngliche Rechtschreibfehler regelmäßig *nicht* behoben, denn kleine Unvollkommenheiten machen das Buch – wie im Übrigen den Menschen – erst authentisch. Mitunter wurden jedoch zum Beispiel Absätze behutsam neu getrennt, um den Lesefluss zu erleichtern.

Wir sind bemüht, ein ansprechendes Produkt zu gestalten, welches angemessenen Ansprüchen an das Preis/Leistungsverhältnis und vernünftigen Qualitätserwartungen gerecht wird. Um die Texte zu rekonstruieren, werden antiquarische Bücher von leistungsfähigen Lesegeräten gescannt und dann durch eine Software lesbar gemacht. Der so entstandene Text wird von Menschen gegen eine Aufwandsentschädigung gegengelesen und korrigiert – Hierbei können gelegentlich Fehler auftreten. Wenn Sie ebenfalls antiquarische Texte einreichen möchten, wenden Sie sich für weitere Informationen gerne an

www.groels.de

Informieren Sie sich dort auch gerne über die anderen Werke aus unserer

Edition | Bedeutende Werke der Weltliteratur

Sie werden es mit 98,099 %iger Wahrscheinlichkeit nicht bereuen.

Die Deutsche Nationalbibliothek verzeichnet dieses Werk in der Deutschen Nationalbibliografie.

Verleger: Marcel Hermann-Josef Gröls, Poelchaukamp 20, 22301 Hamburg.
Externer Dienstleister für Distribution und Herstellung: BoD, In de Tarpen 42, 22848 Norderstedt

Inhalt

Sendung und Lebenssinn

Erasmus von Rotterdam, einstmals der größte und leuchtendste Ruhm seines Jahrhunderts, ist heute, leugnen wir es nicht, kaum mehr als ein Name. Seine unzählbaren Werke, verfaßt in einer vergessenen, übernationalen Sprache, dem humanistischen Latein, schlafen unaufgestört in den Bibliotheken; kaum ein einziges der einstmals weltberühmten spricht noch herüber in unsere Zeit. Auch seine persönliche Gestalt ist, weil schwer faßbar und in Zwischenlichtern und Widersprüchen schillernd, von den kräftigeren und heftigeren Figuren der anderen Weltreformatoren stark verschattet worden und von seinem privaten Leben wenig Unterhaltsames zu vermelden: ein Mensch der Stille und unablässigen Arbeit erschafft sich selten eine sinnliche Biographie. Aber sogar seine eigentliche Tat ist dem Gegenwartsbewußtsein verschüttet und verborgen wie immer der Grundstein unter dem schon aufgeführten Gebäude.

Deutlich und zusammenfassend sei darum vorangesprochen, was uns Erasmus von Rotterdam, den großen Vergessenen, heute noch und gerade heute teuer macht – daß er unter allen Schreibenden und Schaffenden des Abendlandes der erste bewußte Europäer gewesen, der erste streitbare Friedensfreund, der beredteste Anwalt des humanistischen, des welt- und geistesfreundlichen Ideals. Und daß er überdies ein Besiegter blieb in seinem Kampf um eine gerechtere, einverständlichere Gestaltung unserer geistigen Welt, dies sein tragisches Schicksal verbindet ihn nur noch inniger unserem brüderlichen Gefühl. Erasmus hat viele Dinge geliebt, die wir lieben, die Dichtung und die Philosophie, die Bücher und die Kunstwerke, die Sprachen und die Völker, und ohne Unterschied zwischen ihnen allen die ganze Menschheit um der Aufgabe höherer Versittlichung willen. Und er hat nur ein Ding auf Erden wahrhaft als den Widergeist der Vernunft gehaßt: den Fanatismus. Selber der unfanatischeste aller Menschen, ein Geist vielleicht nicht höchsten Ranges, aber weitesten Wissens, ein Herz nicht gerade rauschender Güte, aber rechtschaffenen Wohlwollens, erblickte Erasmus in jeder Form von Gesinnungsunduldsamkeit das Erbübel unserer Welt. Seiner Überzeugung nach wären beinahe alle Konflikte zwischen Menschen und Völkern durch gegenseitige Nachgiebigkeit gewaltlos zu schlichten, weil alle doch in der Domäne des Menschlichen liegen; fast ein jeder Widerstreit könnte vergleichsweise ausgetragen werden, überspannten nicht immer die Treiber und Übertreiber den kriegerischen Bogen. Darum bekämpfte Erasmus jedweden Fanatismus, ob auf religiösem, ob auf nationalem oder weltanschaulichem Gebiete, als den geborenen und geschwornen Zerstörer jeder Verständigung, er haßte sie alle, die Halsstarrigen und Denkeinseitigen, ob im Priestergewand oder Professorentalar, die Scheuklappendenker und Zeloten jeder Klasse und Rasse, die allorts für ihre eigene Meinung Kadavergehorsam verlangen und jede andere Anschauung verächtlich Ketzerei nennen oder Schurkerei.

So wie er selbst niemandem seine eigenen Anschauungen aufzwingen wollte, so leistete er entschlossenen Widerstand, irgendein religiöses oder politisches Bekenntnis sich aufnötigen zu lassen. Selbständigkeit im Denken war ihm eine Selbstverständlichkeit, und immer sah dieser freie Geist eine Verkümmerung der göttlichen Vielfalt der Welt darin, wenn einer, ob auf der Kanzel oder auf dem Katheder, aufstand und von seiner eigenen persönlichen Wahrheit wie von einer Botschaft redete, die Gott ihm und ihm allein ins Ohr gesprochen. Mit aller Kraft seiner funkelnden und schlagenden Intelligenz bekämpfte er darum ein Leben lang auf allen Gebieten die rechthaberischen Fanatiker ihres eigenen Wahnes – und nur in ganz seltenen glücklichen Stunden lächelte er über sie. In solchen milderen Momenten erschien ihm der engstirnige Fanatismus nur als bedauernswerte Borniertheit des Geistes, als eine der unzähligen Formen der "Stultitia", deren tausend Abarten und Spielarten er in seinem "Lob der Narrheit" so ergötzlich klassifizierte und karikierte. Als der wahrhaft und vorurteilslos Gerechte verstand und bemitleidete er sogar seinen erbittertsten Feind. Aber im tiefsten hat Erasmus immer gewußt, daß dieser Unheilgeist der menschlichen Natur, daß der Fanatismus ihm seine eigene mildere Welt und sein Leben zerstören werde.

Denn des Erasmus Sendung und Lebenssinn war die harmonische Zusammenfassung der Gegensätze im Geiste der Humanität. Er war geboren als eine bindende oder, um mit Goethe zu sprechen, der ihm ähnlich war in der Ablehnung alles Extremen, eine "kommunikative Natur". Jede gewaltsame Umwälzung, jeder "tumultus", jeder trübe Massenzank widerstrebte für sein Gefühl dem klaren Wesen der Weltvernunft, der er als treuer und stiller Bote sich verpflichtet fühlte, und insbesondere der Krieg schien ihm, weil die gröbste und gewalttätigste Form der Austragung inneren Gegensatzes, unvereinbar mit einer moralisch denkenden Menschheit. Die seltene Kunst, Konflikte abzuschwächen durch gütiges Begreifen, Dumpfes zu klären, Verworrenes zu schlichten, Zerrissenes neu zu verweben und dem Abgesonderten höheren gemeinsamen Bezug zu geben, war die eigentliche Kraft seines geduldigen Genies, und mit Dankbarkeit nannten die Zeitgenossen diesen vielfach wirkenden Willen zur Verständigung schlechthin "das Erasmische".

Diesem "Erasmischen" wollte dieser eine Mann die Welt gewinnen. Weil er in sich selbst alle Formen des Schöpferischen vereinte, in einem Dichter, Philolog, Theolog und Pädagog, hielt er im ganzen Weltraum eine Bindung auch des scheinbar Unversöhnlichen für möglich; keine Sphäre blieb seiner vermittelnden Kunst unerreichbar oder fremd. Für Erasmus bestand kein moralischer, kein unüberbrückbarer Gegensatz zwischen Jesus und Sokrates, zwischen christlicher Lehre und antikischer Weisheit, zwischen Frömmigkeit und Sittlichkeit. Er nahm die Heiden, er, der geweihte Priester, im Sinne der Toleranz in sein geistiges Himmelreich und stellte sie brüderlich zu den Kirchenvätern; Philosophie war ihm eine andere und ebenso reine Form des Gottsuchens wie die Theologie, zum christlichen Himmel sah er nicht minder gläubig empor wie dankbar zu dem griechischen Olymp. Die Renaissance mit ihrem sinnlich frohen Überschwang, sie erschien ihm nicht wie Calvin und den anderen Zeloten als die Feindin der Reformation, sondern als ihre freiere Schwester. Er anerkannte, seßhaft in keinem Lande und heimisch in allen, der erste bewußte Kosmopolit und Europäer, keinerlei Überlegenheit einer Nation über die andere, und weil er sein Herz erzogen hatte, die Völker einzig zu werten nach ihren edelsten und geformtesten Geistern, nach ihrer Elite, so dünkten sie ihn alle liebenswert. Alle diese Gutgesinnten nun aus allen Ländern, Rassen und Klassen zu einem großen Bund der Gebildeten zusammenzurufen, diesen erhabenen Versuch nahm er als eigentliches Lebensziel auf sich, und indem er Latein, die Sprache über den Sprachen, zu einer neuen Kunstform und Verständigungssprache erhob, erschuf er den Völkern Europas – unvergeßliche Tat! – für die Dauer einer Weltstunde eine übernational einheitliche Denk- und Ausdrucksform. Sein weites Wissen blickte dankbar ins Vergangene zurück, sein gläubiger Sinn vertrauensvoll der Zukunft entgegen. An dem Barbarischen der Welt aber, das Gottes Plan tölpisch boshaft mit fortwährender Feindseligkeit immer neu zu verwirren strebt, sah er beharrlich vorbei; nur die obere, die formgebende und schöpferische Sphäre zog ihn brüderlich an, und er hielt es für die Aufgabe jedes Geistigen, diesen Raum zu erweitern und zu verbreitern, damit er einmal wie das Himmelslicht einheitlich und rein die ganze Menschheit umfasse. Denn dies war der innerste Glaube (und der schöne, der tragische Irrtum) dieses frühen Humanismus: Erasmus und die Seinen hielten einen Fortschritt der Menschheit durch Aufklärung für möglich und erhofften eine Erziehungsfähigkeit des einzelnen wie der Gesamtheit durch eine allgemeinere Verbreitung von Bildung, Schrift, Studium und Buch. Diese frühen Idealisten hatten ein rührendes und fast religiöses Vertrauen in die Veredlungsfähigkeit der menschlichen Natur durch beharrliche Pflege des Lernens und Lesens. Als büchergläubiger Gelehrter zweifelte Erasmus niemals an der vollkommenen Lehrbarkeit und Erlernbarkeit des Sittlichen. Und das Problem einer völligen Harmonisierung des Lebens dünkte ihn schon gewährleistet durch diese von ihm als ganz nah erträumte Humanisierung der Menschheit.

Ein solcher hoher Traum war wohl angetan, wie ein kraftvoller Magnet aus allen Ländern die Besten der Zeit anzuziehen. Immer erschiene ja dem sittlich fühlenden Menschen die eigene Existenz unbeträchtlich und wesenlos ohne den tröstlichen Gedanken, den seelenerweiternden Wahn, auch er als einzelner könne mit seinem Wunsch und Wirken etwas hinzutun zu einer allgemeinen Versittlichung der Welt. Nur Stufe sei unsere Gegenwart zu einer höheren Vollkommenheit, nur Vorbereitung eines viel vollkommeneren Lebensprozesses. Wer diese Hoffnungskraft auf den sittlichen Fortschritt der Menschheit durch ein neues Ideal zu beglaubigen weiß, der wird Führer seiner Generation. So Erasmus. Die Stunde war seinem Gedanken europäischer Einigung im Geist der Humanität ungemein günstig, denn die großen Entdeckungen und Erfindungen der Jahrhundertwende, die Erneuerung der Wissenschaften und Künste durch die Renaissance waren seit langem wieder ein beglückendes, ein übernationales Kollektiverlebnis ganz Europas gewesen; zum erstenmal wieder nach unzähligen bedrückten Jahren beseelte die abendländische Welt Vertrauen in ihre Sendung, und aus allen Ländern strömten die besten idealistischen Kräfte dem Humanismus zu. Jeder wollte Bürger, Weltbürger werden in diesem Reich der Bildung; Kaiser und Päpste, Fürsten und Priester, Künstler und Staatsmänner, Jünglinge und Frauen wetteiferten, sich in den Künsten und Wissenschaften unterrichten zu lassen, das Latein wurde ihre gemeinsame Brudersprache, ein erstes Esperanto des Geistes: zum erstenmal – rühmen wir diese Tat! – seit dem Einsturz der römischen Zivilisation war durch die Gelehrtenrepublik des Erasmus wieder eine gemeinsame europäische Kultur im Werden, zum erstenmal nicht die Eitelkeit einer einzigen Nation, sondern die Wohlfahrt der ganzen Menschheit das Ziel einer brüderlich idealischen Gruppe. Und dieses Verlangen der Geistigen, sich im Geiste zu binden, der Sprachen, sich in einer Übersprache zu verständigen, der Nationen, sich im Übernationalen endgültig zu befrieden, dieser Triumph der Vernunft war auch der Triumph des Erasmus, seine heilige, aber kurze und vergängliche Weltstunde.

Warum konnte – schmerzliche Frage – ein so reines Reich nicht dauern? Warum gewinnen immer wieder ebendieselben hohen und humanen Ideale geistiger Verständigung, warum das "Erasmische" so wenig wirkliche Gewalt in einer doch längst über den Widersinn aller Feindseligkeit belehrten Menschheit? Wir müssen leider klar erkennen und bekennen, daß niemals ein Ideal breiten Volksmassen vollkommen Genüge tut, das einzig die allgemeine Wohlfahrt ins Auge faßt; bei den durchschnittlichen Naturen fordert auch der Haß sein düsteres Recht neben der bloßen Liebesgewalt, und der Eigennutz des einzelnen will von jeder Idee auch rasche persönliche Nutznießung. Immer wird der Masse das Konkrete, das Greifbare eingängiger sein als das Abstrakte, immer darum im Politischen jede Parole am leichtesten Anhang finden, die statt eines Ideals eine Gegnerschaft proklamiert, einen bequem faßbaren, handlichen Gegensatz, der gegen eine andere Klasse, eine andere Rasse, eine andere Religion sich wendet, denn am leichtesten kann der Fanatismus seine frevlerische Flamme am Haß entzünden.

Ein bloß bindendes, ein übernationales, ein panhumanes Ideal dagegen wie das erasmische entbehrt selbstverständlich für eine Jugend, die ihrem Gegner kämpferisch ins Auge sehen will, das optisch Eindrucksvolle und bringt niemals jenen elementaren Anreiz wie das stolz Absondernde, das jedesmal den Feind jenseits der eigenen Landesgrenze und außerhalb der eigenen Religionsgemeinschaft aufzeigt. Immer werden es darum die Parteigeister leichter haben, welche die ewig menschliche Unzufriedenheit in eine bestimmte Windrichtung jagen; der Humanismus aber, die erasmische Lehre, die für keinerlei Haßleidenschaft Raum hat, setzt heroisch ihre geduldige Anstrengung auf ein fernes und kaum sichtbares Ziel, sie ist und bleibt ein geistaristokratisches Ideal, solange das Volk, das sie sich träumt, solange die europäische Nation nicht verwirklicht ist. Zugleich Idealisten und doch Kenner der menschlichen Natur, dürfen darum die Anhänger einer zukünftigen Menschheitsverständigung niemals im unklaren sein, daß ihr Werk ständig von dem ewig Irrationalen der Leidenschaft bedroht ist, sie müssen aufopfernd bewußt bleiben, daß immer wieder in den Zeiten eine Sturzflut des Fanatismus, geballt aus den Urtiefen der menschlichen Triebwelt, alle Dämme überfluten und zerreißen wird: fast jede neue Generation erlebt solch einen Rückschlag, und es ist dann ihre moralische Aufgabe, ihn ohne innere Verwirrung zu überdauern.

Die persönliche Tragik des Erasmus aber bestand darin, daß gerade er, der unfanatischeste, der antifanatischeste aller Menschen, und gerade in dem Augenblick, da die übernationale Idee zum erstenmal Europa sieghaft überglänzte, in einen der wildesten Ausbrüche nationalreligiöser Massenleidenschaft hinabgerissen wurde, den die Geschichte kennt. Im allgemeinen reichen jene Geschehnisse, die wir historisch bedeutsame nennen, gar nicht bis in das lebendige Volksbewußtsein hinab. Selbst die großen Wogen des Krieges ergriffen in früheren Jahrhunderten nur einzelne Völkerschaften, einzelne Provinzen, und im allgemeinen konnte es bei sozialen oder religiösen Auseinandersetzungen dem Geistigen gelingen, sich abseits zu halten vom Getümmel, unbeteiligten Herzens vorüberzublicken an den Leidenschaften des Politischen – Goethe dafür das beste Beispiel, der ungestört inmitten des Tumults der napoleonischen Kriege an seinem inneren Werke schafft. Manchmal aber, sehr selten in den Jahrhunderten, entstehen gegensätzliche Spannungen von solcher Windstärke, daß die ganze Welt wie ein Tuch in zwei Teile zerrissen wird, und dieser riesige Riß geht quer durch jedes Land, jede Stadt, jedes Haus, jede Familie, jedes Herz. Von allen Seiten faßt dann mit ihrem ungeheuren Druck die Übergewalt der Masse das Individuum, und es kann sich nicht wehren, nicht retten vor dem kollektiven Wahn; ein solcher rasender Wogenzusammenprall erlaubt keinen sicheren, keinen abseitigen Stand. Derart vollkommene Weltentzweiungen können sich entzünden an der Gegensatzreibung eines sozialen, eines religiösen und jedes anderen geistig-theoretischen Problems, aber im Grunde ist es immer für den Fanatismus gleichgültig, an welchem Stoff er sich entflammt; er will nur brennen und lodern, seine aufgestaute Haßkraft entladen, und gerade in solchen apokalyptischen Weltstunden des Massenwahnes zersprengt am häufigsten der Dämon des Krieges die Ketten der Vernunft und stürzt sich frei und lustvoll über die Welt.

In solchen furchtbaren Augenblicken des Massenwahnes und der Weltparteiung wird der Wille des einzelnen wehrlos. Vergebens, daß der Geistige sich retten will in die abgesonderte Sphäre der Betrachtung, die Zeit zwingt ihn hinein in das Getümmel zur Rechten oder zur Linken, in die eine Rotte oder in die andere, zur einen Parole oder zur anderen Partei; keiner unter den Hunderttausenden und Millionen von Kämpfern braucht dann mehr Mut, mehr Kraft, mehr moralische Entschlossenheit in solchen Zeiten als der Mann der Mitte, der sich keinem Rottenwahn, keiner Denkeinseitigkeit unterwerfen will. Und hier beginnt die Tragödie des Erasmus. Er hatte als der erste deutsche Reformator (und eigentlich der einzige, denn die anderen waren eher Revolutionäre als Reformatoren) nach den Gesetzen der Vernunft die katholische Kirche zu erneuern gesucht; aber ihm, dem weitsichtigen Geistmenschen, dem Evolutionär, sendet das

Schicksal den Tatmenschen entgegen, Luther, den Revolutionär, den dämonisch Getriebenen dumpfer deutscher Volksgewalten. Mit einem Schlage zertrümmert Doctor Martins eiserne Bauernfaust, was die feine, bloß mit der Feder bewehrte Hand des Erasmus zaghaft zärtlich zu binden sich bemühte. Für Jahrhunderte wird die christliche, die europäische Welt zerspalten, Katholiken gegen Protestanten, Norden gegen Süden, Germanen gegen Romanen – es gibt in diesem Augenblick nur eine Wahl, eine Entscheidung für den deutschen, den abendländischen Menschen: entweder papistisch oder lutherisch, entweder Schlüsselgewalt oder Evangelium. Aber Erasmus – dies seine denkwürdige Tat – weigert sich als der einzige unter den Führern der Zeit, Partei zu nehmen. Er tritt nicht auf die Seite der Kirche, er tritt nicht auf die Seite der Reformation, denn er ist beiden verbunden, der evangelischen Lehre, weil er sie aus Überzeugung als erster gefordert und gefördert, der katholischen Kirche, weil er in ihr die letzte geistige Einheitsform einer stürzenden Welt verteidigt. Aber rechts ist Übertreibung und links ist Übertreibung, rechts Fanatismus und links Fanatismus, und er, der so unabänderlich antifanatische Mensch, will nicht der einen Übertreibung dienen und nicht der anderen, sondern einzig seinem ewigen Maß, der Gerechtigkeit. Vergeblich stellt er sich, um das Allmenschliche, das gemeinsame Kulturgut aus diesem Zwist zu retten, als Mittler in die Mitte und damit an die gefährlichste Stelle; er versucht, mit seinen nackten Händen Feuer und Wasser zu mischen, die einen Fanatiker zu versöhnen mit den anderen: unmögliche und darum doppelt großartige Bemühung. Erst versteht man in beiden Lagern seine Haltung nicht und hofft, weil er milde spricht, man könne ihn für die eigene Sache gewinnen. Kaum aber daß sie beide begreifen, daß dieser Freie für keine fremde Meinung Ehre und Eid gibt und keinem Dogma Schützenhilfe leisten will, prasselt von rechts und links Haß nieder auf ihn und Verhöhnung. Weil Erasmus zu keiner Partei will, zerfällt er mit beiden, "den Guelfen gelte ich als Ghibelline und den Ghibellinen als Guelfe". Einen schweren Fluch spricht Luther, der Protestant, über seinen Namen aus, die katholische Kirche wiederum setzt alle seine Bücher auf den Index. Aber nicht Drohung und nicht Beschimpfung können Erasmus bewegen, zur einen Partei zu gehen oder zur anderen; nulli concedo, keinem will ich angehören, diesen seinen Wahlspruch macht er bis zum letzten wahr, homo per se, Mann für sich allein, bis in die letzte Konsequenz. Gegenüber den Politikern, den Führern und Verführern zur einseitigen Leidenschaft hat der Künstler, der Geistmensch im Sinne Erasmus', die Aufgabe, der Verstehend-Vermittelnde zu sein, der Mann des Maßes und der Mitte. Er hat an keiner Front zu stehen, sondern einzig und allein gegen den gemeinsamen Feind allen freien Denkens: gegen jeden Fanatismus; nicht abseits von den Parteien, denn mitzufühlen mit allem Menschlichen ist der Künstler berufen, sondern über ihnen, au-dessus de la mêlée, die eine Übertreibung bekämpfend und die andere, und bei allen denselben unseligen, unsinnigen Haß.

Diese Haltung des Erasmus, diese seine Unentschiedenheit oder besser sein Sich-nicht-entscheiden-Wollen haben die Zeitgenossen und Nachfahren höchst simpel Feigheit genannt und den klarsinnig Zögernden als lau und wetterwendisch verhöhnt. In der Tat: Erasmus ist nicht wie ein Winkelried gestanden mit offener Brust gegen die Welt, dies furchtlos Heroische war nicht seine Art. Er hat sich vorsichtig zur Seite gebogen und verbindlich geschwankt wie ein Rohr nach rechts und links, aber nur, um sich nicht brechen zu lassen und immer wieder sich aufzurichten. Er hat sein Bekenntnis zur Unabhängigkeit, sein "nulli concedo", nicht stolz vor sich her getragen wie eine Monstranz, sondern wie eine Diebslaterne unter dem Mantel versteckt; in Schlupfwinkeln und auf Schleichwegen hat er sich zeitweilig geduckt und gedeckt während der wildesten Zusammenstöße des Massenwahnes; aber – dies das Wichtigste – er hat sein geistiges Kleinod, seinen Menschheitsglauben, unversehrt heimgebracht aus dem furchtbaren Haßorkan seiner Zeit, und an diesem kleinen glimmenden Docht konnten Spinoza, Lessing und Voltaire und können alle künftigen Europäer ihre Leuchte entzünden. Als der einzige seiner geistigen Generation ist Erasmus der ganzen Menschheit treuer geblieben als einem einzelnen Clan. Abseits vom Schlachtfeld, keiner Armee angehörig, von beiden befehdet ist er gestorben, einsam, allein. Einsam, jedoch – dies das Entscheidende – unabhängig und frei.

Die Geschichte aber ist ungerecht gegen die Besiegten. Sie liebt nicht sehr die Menschen des Maßes, die Vermittelnden und Versöhnenden, die Menschen der Menschlichkeit. Die Leidenschaftlichen sind ihre Lieblinge, die Maßlosen, die wilden Abenteurer des Geistes und der Tat: so hat sie an diesem stillen Diener des Humanen fast verächtlich vorbeigesehen. Auf dem Riesenbild der Reformation steht Erasmus im Hintergrund. Dramatisch erfüllen die anderen ihr Schicksal, all diese Besessenen ihres Genius und Glaubens, Hus erstickt in der lodernden Flamme, Savonarola am Brandpfahl in Florenz, Servet ins Feuer gestoßen von Calvin, dem Zeloten. Jeder hat seine tragische Stunde: Thomas Münzer zwickt man mit glühenden Zangen, John Knox nagelt man an seine Galeere, Luther, breitbeinig in die deutsche Erde gestemmt, dröhnt gegen Kaiser und Reich sein "Ich kann nicht anders". Thomas Morus und John Fisher drückt man das Haupt nieder auf den mörderischen Block, Zwingli liegt, mit dem Morgenstern erschlagen, auf dem Blachfeld von Kappel, – unvergeßliche Gestalten sie alle, wehrhaft in ihrer gläubigen Wut, ekstatisch in ihrem Leiden, groß in ihrem Geschick. Hinter ihnen brennt die verhängnisvolle Flamme des religiösen Wahnes ins Weite, die verwüsteten Burgen des Bauernkrieges zeugen lästernd für den von jedem Zeloten anders mißverstandenen Christus, die zerstörten Städte, die geplünderten Gehöfte des dreißigjährigen, des hundertjährigen Krieges, diese apokalyptischen Landschaften, sie klagen die irdische Unvernunft des Nicht-nachgeben-Wollens vor den Himmeln an. Mitten aber aus diesem Getümmel, ein wenig hinter den großen Kapitänen des Kirchenkrieges und deutlich abseits von ihnen allen, blickt das feine, von leichter Trauer überschattete Gesicht des Erasmus. Er steht an keinem Marterpfahl, seine Hand ist mit keinem Schwert bewehrt, keine heiße Leidenschaft verzerrt sein Gesicht. Aber klar hebt sich das Auge, das blauleuchtende und zarte, das Holbein unvergänglich gemalt, und blickt durch all diesen Tumult der Massenleidenschaften herüber in unsere nicht minder aufgewühlte Zeit. Eine gelassene Resignation umschattet seine Stirne – ach, er kennt diese ewige Stultitia der Welt! –, doch ein leichtes, ganz leises Lächeln der Sicherheit spielt um seinen Mund. Er weiß, der Erfahrene: es ist der Sinn aller Leidenschaften, daß sie einmal ermüden. Es ist das Schicksal jedes Fanatismus, daß er sich selbst überspielt. Die Vernunft, sie, die ewige und still geduldige, kann warten und beharren. Manchmal, wenn die anderen trunken toben, muß sie schweigen und verstummen. Aber ihre Zeit kommt, immer kommt sie wieder.

Blick in die Zeit

Der Übergang des fünfzehnten in das sechzehnte Jahrhundert ist eine Schicksalsstunde Europas und in ihrer dramatischen Gedrängtheit nur der unseren vergleichbar. Mit einem Schlage erweitert sich der europäische Raum ins Welthafte, eine Entdeckung jagt die andere, und innerhalb weniger Jahre wird durch die Verwegenheit eines neuen Seefahrergeschlechts nachgeholt, was Jahrhunderte durch ihre Gleichgültigkeit oder Mutlosigkeit versäumten. Wie an einer elektrischen Uhr springen die Zahlen: 1486 wagt sich Diaz als erster Europäer bis an das Kap der Guten Hoffnung, 1492 erreicht Kolumbus die amerikanischen Inseln, 1497 Sebastian Cabot Labrador und damit das amerikanische Festland. Ein neuer Kontinent gehört dem Bewußtsein der weißen Rasse, aber schon segelt Vasco da Gama, abstoßend von Sansibar, nach Calicut und eröffnet den Seeweg nach Indien, 1500 entdeckt Cabral Brasilien, endlich, von 1519 bis 1522, unternimmt Magalhães die denkwürdigste, die krönende Tat, die erste Reise eines Menschen um die ganze Erde, von Spanien nach Spanien. Damit ist Martin Behaims "Erdapfel" von 1490, der erste Globus, bei seinem Erscheinen als unchristliche Hypothese und Narrenwerk verlacht, für richtig erkannt, die kühnste Tat hat den verwegensten Gedanken bekräftigt. Über Nacht ist für die denkende Menschheit der runde Ball, auf dem sie bisher ungewiß und bedrückt als auf einer terra incognita durch den Sternenraum kreiste, zu einer erfahrbaren, durchfahrbaren Wirklichkeit geworden, das Meer, bishin bloß eine im Mythischen endlos wogende blaue Wüste, ein durchmessenes und meßbares, ein der Menschheit dienstbares Element. Mit einem Ruck erhebt sich der europäische Wagemut, jetzt gibt es keine Pause, kein Atemholen mehr in dem wilden Wettlauf um die Entdeckung des Kosmos.

Jedesmal wenn die Kanonen von Cádiz oder Lissabon einer heimkehrenden Galeone den Willkomm bieten, strömt eine neugierige Menge an den Hafen, andere Botschaft von neuentdeckten Ländern zu vernehmen, niegesehene Vögel, Tiere und Menschen zu bewundern; erschauernd blicken sie auf die riesigen Frachten von Silber und Gold, nach allen Windrichtungen läuft die Botschaft durch Europa, das über Nacht dank dem geistigen Heldentum seiner Rasse Mittelpunkt und Herrscher des ganzen Weltalls geworden ist. Fast gleichzeitig aber durchforscht Kopernikus die unbetretenen Bahnen der Gestirne über der plötzlich erhellten Erde, und all dies neue Wissen dringt vermöge der neuentdeckten Buchdruckerkunst mit gleichfalls bisher unbekannten Geschwindigkeiten in die entlegensten Städte und verlorensten Weiler des Abendlands: zum erstenmal hat Europa seit Jahrhunderten ein beglückendes und daseinssteigerndes Kollektiverlebnis. Innerhalb einer einzigen Generation haben die Urelemente menschlicher Anschauung, haben Raum und Zeit völlig andere Maße und Werte bekommen – nur unsere Jahrhundertwende mit der ebenso plötzlich sich überbietenden Raum- und Zeitverkürzung durch Telephon, Radio, Auto und Flugzeug hat eine gleiche Umwertung des Lebensrhythmus durch Erfindung und Entdeckung erfahren.

Eine derart plötzliche Erweiterung des äußeren Weltraums muß selbstverständlich eine gleich heftige Umschaltung im Seelenraum zur Folge haben. Jeder einzelne ist unvermutet genötigt, in andern Dimensionen zu denken, zu rechnen, zu leben; aber ehe das Gehirn sich der kaum faßbaren Verwandlung angepaßt hat, verwandelt sich schon das Gefühl – eine ratlose Verwirrung, halb Angst, halb enthusiastischer Taumel, ist immer die erste Antwort der Seele, wenn sie ihr Maß plötzlich verliert, wenn all die Normen und Formen, auf denen sie als auf einem bisher Beständigen fußte, gespenstig unter ihr weggleiten. Über Nacht ist alles Gewisse fraglich geworden, alles Gestrige wie jahrtausendalt und abgelebt; die Erdkarten des Ptolemäus, zwanzig Geschlechtern ein unumstößliches Heiligtum, werden durch Kolumbus und Magalhães Kindergespött, die gläubig seit Jahrtausenden nachgeschriebenen und als fehllos bewunderten Werke über Weltkunde, Astronomie, Geometrie, Medizin, Mathematik ungültig und überholt, alles Gewesene welkt dahin vor dem heißen Atem der neuen Zeit. Nun ist es zu Ende mit all dem Kommentieren und Disputieren, es stürzen die alten Autoritäten als zertrümmerte Götzen der Ehrfurcht, es fallen die papiernen Türme der Scholastik, der Ausblick wird frei. Ein geistiges Fieber nach Wissen und Wissenschaft entsteht aus der plötzlichen Durchblutung des europäischen Organismus mit neuem Weltstoff, der Rhythmus beschleunigt sich. Entwicklungen, die in gemächlichem Übergang sich befanden, bekommen von diesem Fieber einen hitzigen Ablauf, alles Bestehende gerät wie durch einen Erdstoß in Bewegung. Die vom Mittelalter ererbten Ordnungen schichten sich um, manche steigen, manche versinken: die Ritterschaft geht zugrunde, die Städte streben auf, der Bauernstand verarmt, Handel und Luxus blühen mit tropischer Kraft dank dem Dünger von ozeanischem Gold. Immer heftiger wird die Gärung, eine völlige soziale Umgruppierung kommt in Fluß, ähnlich der unsern durch den Einbruch der Technik und ihre gleichfalls zu plötzliche Organisierung und Rationalisierung: einer jener typischen Augenblicke tritt ein, da die Menschheit gleichsam von ihrer eigenen Leistung überrannt wird und alle Kraft aufbieten muß, um sich selber wieder nachzukommen.

Alle Zonen menschlicher Ordnung werden von diesem ungeheuren Stoß erschüttert, selbst jene unterste Schicht des Seelenreichs ist um diese großartige Jahrhundert- und Weltenwende erreicht, die sonst unberührt unter den Zeitstürmen liegt: das Religiöse. Von der katholischen Kirche in starre Form gebannt, hatte das Dogma wie ein Fels unverrückbar allen Orkanen standgehalten, und dieser große, gläubige Gehorsam war gleichsam das Signum des Mittelalters gewesen. Oben stand ehern die Autorität und gebot, von unten blickte, gläubig hingegeben, die Menschheit dem heiligen Wort entgegen, kein Zweifel wagte sich gegen die geistliche Wahrheit, und wo Widerstand sich rührte, offenbarte die Kirche ihre Verteidigungskraft: der Bannstrahl zerbrach das Schwert der Kaiser und erstickte den Atem der Ketzer. Völker, Stämme, Rassen und Klassen, so fremd und feindlich sie einander waren, verband dieser einhellige, demütige Gehorsam, dieser blind und selig dienende Glaube zu einer großartigen Gemeinschaft: im Mittelalter hatte die abendländische Menschheit nur eine einheitliche Seele, die katholische. Europa ruhte im Schoße der Kirche, manchmal von mystischen Träumen bewegt und erregt, aber es ruhte, und jeder Wunsch nach Wahrheit und Wissenschaft war ihm fremd. Jetzt zum erstenmal beginnt eine Unruhe die abendländische Seele zu bewegen: seit die Geheimnisse der Erde ergründbar geworden sind, warum sollte es nicht auch das Göttliche sein? Allmählich erheben sich einzelne von den Knien, auf denen sie gesenkten Hauptes demütig gelegen, und blicken fragend empor, statt der Demut beseelt sie ein neuer Denkmut und Fragemut, und neben den kühnen Abenteurern unbekannter Meere, neben den Kolumbus, Pizarro, Magalhães ersteht ein Geschlecht geistiger Konquistadoren, die sich entschlossen an das Unermeßliche wagen. Die religiöse Gewalt, die jahrhundertelang im Dogma verschlossen war wie in einer versiegelten Flasche, strömt ätherisch aus, sie dringt aus den priesterlichen Konzilen bis in die Tiefe des Volks; auch in dieser letzten Sphäre will die Welt sich erneuern und verändern. Dank seinem siegreich erprobten Selbstvertrauen empfindet sich der Mensch des sechzehnten Jahrhunderts nicht mehr als winziges, willenloses Staubkorn, das nach dem Tau der göttlichen Gnade dürstet, sondern als Mittelpunkt des Geschehens, als Kraftträger der Welt; Demut und Düsternis schlagen plötzlich um in Selbstgefühl, dessen sinnlichsten und unvergänglichen Machtrausch wir mit dem Worte Renaissance umfassen, und neben den geistlichen Lehrer tritt gleichberechtigt der geistige, neben die Kirche die Wissenschaft. Auch hier ist eine höchste Autorität gebrochen oder zumindest ins Wanken gebracht, die demütig stumme Menschheit des Mittelalters ist zu Ende, eine neue beginnt, die mit gleich religiöser Inbrunst fragt und forscht, wie die frühere geglaubt und gebetet. Aus den Klöstern wandert der Wissensdrang in die Universitäten, die fast gleichzeitig in allen Ländern Europas erstehen, Trutzburgen der freien Forschung. Raum ist geschaffen für den Dichter, den Denker, den Philosophen, für die Künder und Erforscher aller Geheimnisse der menschlichen Seele, in andere Formen gießt der Geist seine Kraft; der Humanismus versucht, das Göttliche ohne geistliche Vermittlung den Menschen zurückzugeben, und schon erhebt sich, vereinzelt zuerst, aber dann von der Sicherheit der Masse getragen, die große welthistorische Forderung der Reformation.

Großartiger Augenblick, eine Jahrhundertwende, die zur Zeitwende wird: Europa hat einen Atemzug lang gleichsam ein Herz, eine Seele, einen Willen, ein Verlangen. Übermächtig fühlt es sich als Ganzheit angerufen von noch unverständlichem Befehl zur Verwandlung. Herrlich bereit ist die Stunde, Unrast gärt in den Ländern, atmende Angst und Ungeduld in den Seelen, und über all dem schwingt und schwebt ein einziges dunkles

Lauschen nach dem befreienden, nach dem zielsetzenden Wort; jetzt oder niemals ist es dem Geist gegeben, die Welt zu erneuern.

Dunkle Jugend

Unübertreffliches Symbol für diesen übernationalen, der ganzen Welt gehörigen Genius: Erasmus hat keine Heimat, kein richtiges Elternhaus, er ist gewissermaßen im luftleeren Raum geboren. Der Name Erasmus Roterodamus, den er dem Weltruhm entgegenträgt, ist nicht von Vätern und Ahnen ererbt, sondern ein angenommener, die Sprache, die er zeitlebens spricht, nicht die heimatlich holländische, sondern das erlernte Latein. Tag und Umstände seiner Geburt sind in merkwürdiges Dunkel gehüllt; kaum mehr ist gewiß als das nackte Geburtsjahr 1466. An dieser Verschattung war Erasmus keineswegs unschuldig, denn er liebte nicht, von seiner Herkunft zu sprechen, weil ein uneheliches Kind und mehr noch, ärgerlicher noch, Kind eines Priesters, "ex illicito et ut timet incesto damnatoque coitu genitus"; (und was Charles Reade in seinem berühmten Roman "The cloister and the heart" romantisch von der Kindheit des Erasmus erzählt, ist selbstverständlich Erfindung). Die Eltern sterben früh, und begreiflicherweise zeigen die Verwandten größte Eile, den Bastard möglichst kostenlos von sich wegzuhalten; glücklicherweise ist die Kirche immer geneigt, einen begabten Knaben an sich zu ziehen. Mit neun Jahren wird der kleine Desiderius (in Wahrheit: ein Unerwünschter) in die Kapitelschule von Deventer geschickt, dann nach Herzogenbusch: 1487 tritt er in das Augustinerkloster Steyn, nicht so sehr aus religiöser Neigung, sondern weil es die beste klassische Bibliothek im Lande besitzt; dort legt er um das Jahr 1488 das Mönchsgelübde ab. Aber daß er in diesen Klosterjahren glühender Seele um die Palme der Frömmigkeit gerungen habe, ist von keiner Seite bezeugt, man erfährt aus seinen Briefen vielmehr, daß eher die schönen Künste, daß lateinische Literatur und Malerei ihn hauptsächlich beschäftigt haben. Immerhin empfängt er 1492 durch die Hand des Bischofs von Utrecht die Priesterweihe.

In diesem seinem geistlichen Kleide haben Erasmus zeitlebens nur wenige jemals gesehen; und es bedarf immer einer gewissen Anstrengung, sich zu erinnern, daß dieser freidenkende und unbefangen schreibende Mann tatsächlich bis in die Sterbestunde dem Priesterstand angehört hat. Aber Erasmus verstand die große Lebenskunst, alles, was ihm drückend war, auf sachte und unauffällige Weise von sich abzutun und in jedem Kleid und unter jedem Zwang sich seine innere Freiheit zu wahren. Von zwei Päpsten hat er unter den geschicktesten Vorwänden die Dispens erlangt, das Priesterkleid tragen zu müssen, vom Fastenzwang befreit er sich durch ein Gesundheitszertifikat und in die Klosterzucht ist er trotz allen Bitten, Mahnungen, ja Drohungen seiner Vorgesetzten nicht für einen Tag mehr zurückgekehrt.

Damit enthüllt sich schon ein bedeutsamer und vielleicht der wesentlichste Zug seines Charakters: Erasmus will sich an nichts und niemanden binden. Keinen Fürsten-, keinen Herren- und selbst keinen Gottesdienst will er dauernd auf sich nehmen, er muß aus einem innern Unabhängigkeitszwang seiner Natur frei bleiben und niemandem untertan. Niemals hat er innerlich einen Vorgesetzten anerkannt, an keinen Hof, an keine Universität, an keinen Beruf, an kein Kloster, an keine Kirche, an keine Stadt fühlte er sich je verpflichtet, und wie seine geistige Freiheit, hat er lebenslang seine moralische mit stiller und zäher Hartnäckigkeit verteidigt.

An diesen so wesentlichen Zug seines Charakters schließt sich organisch ein zweiter: Erasmus ist zwar Unabhängigkeitsfanatiker, aber darum keineswegs ein Rebell, ein Revolutionär. Im Gegenteil, er verabscheut alle offenen Konflikte, er vermeidet als kluger Taktiker jeden unnützen Widerstand gegen die Mächte und Machthaber dieser Welt. Er paktiert lieber mit ihnen als gegen sie zu frondieren, er erschleicht lieber seine Unabhängigkeit als sie zu erkämpfen; nicht wie Luther mit kühner dramatischer Geste wirft er, weil sie ihm zu eng die Seele schnürt, seine Augustinerkutte von sich; nein, er zieht sie lieber leise, nach unterirdisch eingeholter Erlaubnis in aller Stille aus: als guter Schüler seines Landsmannes Reineke Fuchs schlüpft er wendig und geschickt aus jeder Falle, die man seiner Freiheit stellt. Zu vorsichtig, um jemals ein Held zu werden, erreicht er durch seinen klaren, die Schwächen der Menschheit überlegen berechnenden Geist alles, was er für seine Persönlichkeitsentwicklung benötigt: er siegt in seiner ewigen Schlacht um die Unabhängigkeit der Lebensgestaltung nicht durch Mut, sondern durch Psychologie.

Aber diese große Kunst, sich das Leben frei und unabhängig zu gestalten (die schwerste für jeden Künstler), will erlernt sein. Die Schule des Erasmus war hart und langwierig. Erst mit sechsundzwanzig Jahren entrinnt er dem Kloster, dessen Enge und Engstirnigkeit ihm unerträglich geworden. Doch – erste Probe seiner diplomatischen Geschicklichkeit – er entläuft seinen Vorgesetzten nicht als ein eidbrüchiger Mönch, sondern läßt sich nach geheimen Verhandlungen zum Bischof von Cambrai berufen, um ihn auf seiner Reise nach Italien als lateinischer Sekretär zu begleiten; in demselben Jahre, da Kolumbus Amerika, entdeckt sich der Klostergefangene Europa, seine zukünftige Welt. Glücklicherweise verzögert der Bischof seine Reise, und so hat Erasmus gemächlich Zeit, das Leben nach seiner Façon zu genießen, er muß keine Messen lesen, kann an der großen, wohlbestellten Tafel sitzen, kluge Menschen kennenlernen, sich mit Leidenschaft dem Studium der lateinischen und kirchlichen Klassiker hingeben und außerdem an seinem Dialog "Antibarbari" schreiben: dieser Name seines Erstlingswerkes könnte übrigens auf allen Titelblättern seiner Werke stehen.

Unbewußt hat er den großen Feldzug seines Lebens gegen Unbildung, Torheit und traditionelle Überheblichkeit begonnen, indem er seine Sitten verfeinert, seine Kenntnisse erweitert; aber leider, der Bischof von Cambrai gibt seine Reise nach Rom auf, und die schöne Zeit soll plötzlich enden, ein lateinischer Secretarius ist jetzt nicht mehr vonnöten. Nun sollte der ausgeborgte Mönch Erasmus eigentlich gehorsam in sein Kloster zurückkehren. Doch jetzt, da er das süße Gift der Freiheit einmal in sich eingetrunken, will er nicht und nie mehr davon lassen. So heuchelt er ein unwiderstehliches Verlangen nach den höheren Graden geistlicher Wissenschaft, er bedrängt mit der ganzen Leidenschaft und Energie seiner Klosterangst und gleichzeitig mit der rasch herangereiften Kunst seiner Psychologie den gutmütigen Bischof, er möge ihn mit einem Stipendium nach Paris schicken, damit er dort den Doktorgrad der Theologie erwerben könne. Endlich gibt der Bischof ihm seinen Segen und, was Erasmus wichtiger ist, eine schmale Börse als Stipendium, und vergebens wartet der Prior des Klosters auf die Rückkehr des Ungetreuen. Aber er wird sich gewöhnen müssen, Jahre und Jahrzehnte auf ihn zu warten, denn längst hat Erasmus sich seinen Urlaub vom Mönchstum und jedem andern Zwang für das ganze Leben selbstherrlich erteilt.

Der Bischof von Cambrai hat dem jungen geistlichen Studenten die übliche Börse gewährt. Aber diese Börse istverzweifelt schmal, ein Studentenstipendium für einen dreißigjährigen Mann, und mit bitterem Spott tauft Erasmus den sparsamen Gönner seinen "Antimaecenas". Schwer gedemütigt muß der rasch an die Freiheit Gewöhnte und am Bischofstisch Verwöhnte im domus pauperum, im berüchtigten Collège Montaigu Hausung nehmen, das ihm durch seine asketischen Regeln und seine strenge geistliche Führung wenig behagt. Im Quartier Latin gelegen, auf dem Mont Saint-Michel (etwa bei dem heutigen Panthéon), schließt dieses Zuchthaus des Geistes den jungen, lebensneugierigen Studenten eifersüchtig von dem heitern Treiben der weltlichen Kameraden vollkommen ab: wie von einer Sträflingszeit spricht er von diesem theologischen Gefängnis seiner schönsten Jugend. Erasmus, der von Hygiene überraschend moderne Vorstellungen hat, fällt in seinen Briefen von einer Klage in die andere: die Schlafräume seien ungesund, die Wände eiskalt, kahl getüncht und fühlbar nahe den Latrinen, niemand könne lange in diesem "Essigkollegium" wohnen, ohne todkrank zu werden oder zu sterben. Auch die Nahrung behagt ihm nicht, die Eier oder das Fleisch sind verfault, der Wein verdorben und die Nacht erfüllt von unrühmlichem Kampf gegen das Ungeziefer. "Du kommst von Montaigu?" spottet er später in seinen Kolloquien. "Zweifellos hast du das Haupt mit Lorbeeren bedeckt? – Nein, mit Flöhen." Die damalige Klosterzucht schreckt überdies nicht zurück vor körperlichen Züchtigungen, und was zwanzig Jahre im gleichen Haus ein fanatischer Asket wie Loyola gesonnen ist, der Willenserziehung wegen gelassen zu ertragen, die Rute und den Bakel, widerstrebt einer nervösen und unabhängigen Natur wie Erasmus. Auch der Unterricht ekelt ihn an: rasch lernt er den Geist der Scholastik mit seinem abgestorbenen Formalismus, seinen schalen Talmudismen und Spitzfindigkeiten für immer verabscheuen, der Künstler in ihm empört sich – nicht so heiter ergötzlich wie später Rabelais, aber mit der gleichen Verachtung gegen die Vergewaltigung des Geistes in diesem Prokrustesbett. "Niemand kann die Mysterien dieser Wissenschaft begreifen, der irgend einmal Verkehr mit den Musen oder Grazien gepflogen hat. Alles, was Du von bonae litterae erworben hast, mußt Du hier verlieren, und was Du aus den Quellen des Helikon getrunken, wieder von Dir geben. Ich tue mein Bestes, nichts Lateinisches, nichts Anmutiges oder Geistreiches zu sagen, und mache schon derartige Fortschritte darin, daß sie mich hoffentlich einmal als den ihren anerkennen werden." Schließlich gibt ihm eine Krankheit den langersehnten Vorwand, aus dieser verhaßten Galeere des Körpers und des Geistes unter Verzicht auf den theologischen Doktorgrad zu entfliehen. Erasmus kehrt zwar nach kurzer Erholung wieder nach Paris zurück, aber nicht mehr in das "Essigkollegium", das "Collège vinaigre", sondern bringt sich lieber fort, indem er als Hauslehrer und Nachhelfer junge vermögende Deutsche und Engländer unterrichtet: die Selbständigkeit des Künstlers hat in dem Priester begonnen.

Aber Selbständigkeit ist für den geistigen Menschen in der noch halb mittelalterlichen Welt gar nicht vorgesehen. In deutlicher Stufenreihe sind alle Stände abgegrenzt, die weltlichen und die geistlichen Fürsten, die Kleriker, die Zünfte, die Soldaten, die Beamten, die Handwerker, die Bauern, jeder einzelne Stand eine starre Gruppe und sorgfältig gegen jeden Eindringling vermauert. Für den geistigen, für den schaffenden Menschen, für den Gelehrten, den freien Künstler, den Musiker ist in dieser Weltordnung noch kein Raum vorhanden, denn die Honorare, die späterhin Unabhängigkeit gewähren, sind noch nicht erfunden. Dem geistigen Menschen bleibt also keine andere Wahl, als irgendeinem dieser herrschenden Stände zu dienen, er muß Fürstendiener oder Gottesdiener werden. Da die Kunst noch nicht als selbständige Macht gilt, muß er Gunst suchen bei den Mächtigen, er muß Günstling werden eines gnädigen Herrn, sich hier eine Pfründe erbetteln und dort eine Pension, muß sich – bis anno Mozart und Haydn – ducken im gemeinen Kreise der Dienerschaft. Er muß, will er nicht verhungern, den Eitlen schmeicheln mit Dedikationen, die Ängstlichen durch Pamphlete schrecken, den Reichen nachstellen mit Bettelbriefen; unablässig und ohne Sicherheit, bei einem Gönner oder bei vielen, erneuert sich für ihn dieser unwürdige Kampf um das tägliche Brot. Zehn oder zwanzig Geschlechter von Künstlern haben so gelebt, von Walther von der Vogelweide bis zu Beethoven, der als erster von den Mächtigen herrisch sein Künstlerrecht fordert und rücksichtslos nimmt. Dieses Sichkleinmachen, Sichanschmiegen und Sichducken hat allerdings einem so überlegenen und ironischen Geist wie Erasmus kein großes Opfer bedeutet. Er durchschaut schon früh das Trugspiel der gesellschaftlichen Welt; weil nicht rebellischer Natur, nimmt er ihre geltenden Gesetze ohne Klage hin und setzt seine Mühe nur daran, sie auf geschickte Weise zu durchbrechen und zu umgehen.

Aber sein Weg zum Erfolg bleibt desungeachtet langwierig und wenig beneidenswert: bis zu seinem fünfzigsten Jahr, da dann ihrerseits die Fürsten um ihn werben, da die Päpste und Reformatoren sich bittend an ihn wenden, da die Drucker ihn bestürmen und die Reichen sich's zur Ehre machen, ihm ein Geschenk ins Haus zu schicken, lebt Erasmus von geschenktem, ja erbetteltem Brot. Noch mit ergrauenden Haaren muß er sich beugen und verneigen: zahllos sind seine devoten Dedikationen, seine Schmeichelepisteln, sie füllen einen Großteil seiner Korrespondenz und würden, für sich gesammelt, einen geradezu klassischen Briefsteller für Supplikanten abgeben, mit so großartiger List und Kunst stilisiert er seine Betteleien. Aber hinter diesem oft bedauerten Mangel an Charakterstolz verbirgt sich bei ihm ein entschlossener, großartiger Wille zur Unabhängigkeit. Erasmus schmeichelt in Briefen, um in seinen Werken besser wahr sein zu können. Er läßt sich fortwährend beschenken, aber von keinem einzigen kaufen, er weist alles zurück, was ihn dauernd an eine besondere Person binden könnte. Obschon international berühmter Gelehrter, den Dutzende von Universitäten an ihr Katheder fesseln möchten, steht er lieber als bloßer Korrektor in einer Druckerei, bei Aldus in Venedig, oder er wird Hofmeister und Reisemarschall von blutjungen englischen Aristokraten, oder bloß Schmarotzer bei reichen Bekannten, aber all das immer nur genauso lange, als es ihm gefällt, und niemals für dauernde Frist an einem

Ort. Dieser hartnäckig entschlossene Wille zur Freiheit, dies Niemandem-dienen-Wollen hat Erasmus zeitlebens zum Nomaden gemacht. Unablässig ist er auf der Wanderschaft durch alle Länder, bald in Holland, bald in England, bald in Italien, Deutschland und der Schweiz, der Meistreisende und Meistgereiste unter den Gelehrten seiner Zeit, nie ganz arm, nie recht reich, immer, wie Beethoven, "in der Luft lebend", aber dies Schweifen und Vagieren ist seiner philosophischen Natur teurer als Haus und Heim. Lieber kleiner Sekretär eines Bischofs bleiben für eine Zeit, als selbst Bischof zu werden für immerdar und Ewigkeit, lieber gelegentlicher Berater eines Fürsten für eine Handvoll Dukaten als sein allmächtiger Kanzler. Aus tiefem Instinkt scheut dieser Geistmensch jede äußere Macht, jede Karriere: – im Schatten der Macht, abgesondert von jeder Verantwortung zu wirken, in einer stillen Stube gute Bücher zu lesen und die eigenen zu schreiben, niemandes Gebieter und niemandes Untertan, dies ist Erasmus' eigentliches Lebensideal gewesen. Um dieser geistigen Freiheit willen geht er viele dunkle, ja sogar krumme Wege, aber alle auf ein und dasselbe innere Ziel hin: auf die geistige Unabhängigkeit seiner Kunst, seines Lebens.

Seine eigentliche Sphäre entdeckt sich Erasmus erst als Dreißigjähriger in England. Bisher hatte er in dumpfen Klosterstuben gelebt, unter engen und plebejischen Menschen. Die spartanische Zucht der Seminare und der geistige Daumschraubenzwang der Scholastik waren für seine feinen, sensitiven und neugierigen Nerven wirkliche Folter gewesen; sein Geist, der auf Weite gestellt ist, kann sich in dieser Beschränkung nicht entfalten. Aber dieses Salz und diese Bitternis waren vielleicht notwendig, um ihm jenen ungeheuren Durst nach Weltwissen und Freiheit zu geben, denn in dieser Zucht hat der lange Geprüfte gelernt, ein für allemal alles engstirnige Bornierte und doktrinär Einseitige, alles Brutale und Befehlshaberische als unmenschlich zu hassen – gerade daß Erasmus von Rotterdam das Mittelalter am eigenen Leibe, an der eigenen Seele noch so ganz und so schmerzhaft erlebt hat, befähigt ihn, Bote der neuen Zeit zu werden. Von einem jungen Schüler, dem Lord Montjoy, nach England mitgenommen, atmet er mit unermeßlicher Beglückung zum erstenmal die stärkende Luft geistiger Kultur. Denn Erasmus kommt in einem guten Augenblick in die angelsächsische Welt. Nach dem endlosen Krieg der Weißen und Roten

Rose, der jahrzehntelang das Land zerstampft hat, genießt England wieder die Segnungen des Friedens, und überall wo Krieg und Politik abgedrängt sind, vermögen Kunst und Wissenschaft sich freier zu entfalten. Zum erstenmal entdeckt der kleine Klosterschüler und Stundengeber, daß es eine Sphäre gibt, wo einzig der Geist und das Wissen als Macht gelten. Keiner fragt ihn nach seiner unehelichen Geburt und zählt seine Messen und Gebete nach, hier wird er einzig als Künstler, als Intellektueller um seines eleganten Lateins, um seiner amüsanten Redekunst willen in den vornehmsten Kreisen geschätzt, beglückt lernt er die wunderbare Gastlichkeit, die edle Unvoreingenommenheit der Engländer kennen,

"ces grands Mylords
Accords, beaux et courtois, magnanimes et forts",

wie sie Ronsard gerühmt. Eine andere Art des Denkens wird ihm in diesem Lande offenbar. Obzwar Wiclif längst vergessen ist, lebt in Oxford die freiere, kühnere Auffassung der Theologie weiter, hier findet er Lehrer der griechischen Sprache, die ihm eine neue Klassik erschließen, die besten Geister, die größten Männer werden seine Gönner und Freunde, sogar der junge König, Heinrich VIII., damals noch Prinz, läßt sich das kleine Priesterlein vorstellen. Es ehrt Erasmus für alle Zeiten und zeugt für seine eindrucksvolle Haltung, daß die edelsten Menschen jener Generation, daß Thomas Morus und John Fisher seine innigsten Freunde, daß John Colet, die Erzbischöfe Warham und Cranmer seine Gönner wurden. Mit leidenschaftlichem Durst trinkt der junge Humanist solche geistig durchglühte Luft ein, er nützt die Zeit dieser Gastlichkeit, um nach allen Seiten sein Wissen zu erweitern, er verfeinert im Gespräch mit den Adeligen und deren Freunden und Frauen seine Umgangsformen. Das Selbstbewußtsein seiner Stellung hilft mit zur raschen Verwandlung – aus dem ungelenken scheuen Priesterchen wird eine Art Abbé, der die Soutane wie ein Gesellschaftskleid trägt. Erasmus beginnt sich sorgfältig auszustaffieren, er lernt reiten und jagen, seine aristokratische Lebenshaltung, die dann in Deutschland so scharf von den gröberen, plumperen Formen der Provinzhumanisten absticht und ihm ein gut Teil seiner kulturellen Hoheitsstellung einbrachte, hat er in den gastlichen Häusern des englischen Adels sich anerzogen. In die Mitte der politischen Welt gestellt und innig den besten Geistern der Kirche und des Hofes verbrüdert, gewinnt sein scharfer Blick jene Weite und Universalität, die später die Welt an ihm bewundert. Aber auch sein Gemüt wird hell: "Du fragst mich", schreibt er froh einem Freunde, "ob ich England liebe? Nun, wenn Du mir je Glauben schenktest, so bitte, glaube mir auch dies, daß nichts mir je so wohlgetan hat. Ich finde hier ein angenehmes und gesundes Klima, soviel Kultur und Gelehrtheit, und zwar nicht der haarspalterischen und banalen Art, sondern tiefer, exakter und klassischer Bildung, sowohl in Latein als in Griechisch, daß ich außer den Dingen, die dort zu sehen sind, wenig Sehnsucht nach Italien habe. Wenn ich meinem Freund Colet zuhöre, so ist mir, als lausche ich Plato selbst, und hat die Natur je eine gütigere, zartere und glücklichere Wesensart hervorgebracht als die des Thomas Morus?" In England ist Erasmus vom Mittelalter genesen.

Aber alle Liebe zu England macht Erasmus dennoch nicht zum Engländer. Als Kosmopolit, als Weltmann, als freie und universalische Natur kehrt der Befreite zurück. Von nun ab ist seine Liebe überall dort, wo Wissen und Kultur, wo Bildung und Buch herrschen; nicht Länder und Flüsse und Meere teilen für ihn mehr den Kosmos ab, nicht Stand und Rasse und Klasse; er kennt nur zwei Schichten mehr: die Aristokratie der Bildung und des Geistes als die obere Welt, den Plebs und die Barbarei als die untere. Wo das Buch herrscht und das Wort, die "eloquentia und eruditio", dort ist von nun ab seine Heimat.

Dieses hartnäckige Sichbeschränken auf den geistesaristokratischen Kreis, auf die damals so haardünne Schicht der Kultur, gibt der Gestalt des Erasmus und seinem Schaffen etwas Wurzelloses: als der wahre Kosmopolit bleibt er überall nur Besucher, nur Gast, nirgendwo nimmt er Sitten und Wesen eines Volkes in sich auf, nirgends eine einzige lebendige Sprache. Mit allen seinen ungezählten Reisen ist er eigentlich am Wesenhaftesten jedes Landes vorbeigereist. Für ihn bestanden Italien, Frankreich, Deutschland und England aus dem Dutzend Menschen, mit denen er ein geschliffenes Gespräch führen konnte, eine Stadt aus ihren Bibliotheken, und er bemerkte allenfalls noch, wo die Gasthöfe am reinlichsten, die Menschen am höflichsten, die Weine am süßesten waren. Aber jede andere als die Buchkunst blieb ihm verschlossen, er hatte kein Auge für Malerei, kein

Ohr für Musik. Er bemerkt nicht, daß in Rom ein Lionardo, ein Raffael und ein Michelangelo schaffen, und die Kunstbegeisterung der Päpste tadelt er als überflüssige Verschwendung, als antievangelische Prunkliebe. Niemals hat Erasmus die Strophen Ariosts gelesen, Chaucer bleibt ihm in England, die französische Dichtung in Frankreich fremd. Nur der einen Sprache Latein ist sein Ohr wirklich offen, und die Kunst Gutenbergs war für ihn die einzige Muse, der er wahrhaft verschwistert war, er, der subtilste Typus des Literaten, dem nur durch die litterare, die Lettern, Weltinhalt erfaßbar wird. Er konnte zur Wirklichkeit kaum anders in Beziehung treten als durch das Medium der Bücher, und er hat mit ihnen mehr Umgang gehabt als mit Frauen. Er liebte sie, weil sie leise waren und ohne Gewaltsamkeit und unverständlich der dumpfen Menge, das einzige Vorrecht der Gebildeten in einer sonst rechtlosen Zeit. In dieser Sphäre allein konnte der sonst sparsame Mann zum Verschwender werden, und wenn er mit Widmungen sich Geld zu schaffen suchte, so tat er dies einzig zu dem Zwecke, um sich Bücher kaufen zu können, immer mehr, immer mehr, griechische, lateinische Klassiker, und er liebte die Bücher nicht nur um ihres Inhalts willen, sondern er vergötterte sie auch als einer der ersten Bibliophilen rein fleischlich in ihrem Dasein und in ihrem Werden, in ihrer herrlichen, handlichen und gleichzeitig ästhetischen Form. Bei Aldus in Venedig oder bei Froben in Basel in der niedern Druckstube zwischen den Werkleuten zu stehen, noch feucht die Druckbogen aus der Presse zu empfangen, die Zieraten und zarten Initialen mit den Meistern dieser Kunst gemeinsam einzusetzen, wie ein scharfsichtiger Jäger mit flinker gespitzter Feder den Druckfehlern nachzujagen oder noch rasch auf den nassen Blättern eine lateinische Phrase reiner und klassischer zu runden, das waren für ihn die seligsten Augenblicke seines Daseins, an Büchern, für Bücher zu wirken, die natürlichste Form seiner Existenz. Im letzten hat Erasmus nie innerhalb der Völker und Länder gelebt, sondern über ihnen, in einer dünneren, hellsichtigeren Atmosphäre, in dem tour d'ivoire des Artisten, des Akademikers. Aber von diesem Turm, der ganz aus Büchern und Arbeit gebaut war, lugte er neugierig herab, ein anderer Lynkeus, um frei, klar und gerecht das lebendige Leben zu sehen und zu verstehen.

Denn Verstehen und immer besser Verstehen war die eigentliche Lust dieses merkwürdigen Genius. Im strengen Sinn kann Erasmus vielleicht kein tiefer Geist genannt werden; er gehört nicht zu den Zuendedenkern, zu den großen Umformern, die den Weltraum mit einem neuen geistigen Planetensystem beschenken; die Wahrheiten des Erasmus sind eigentlich nur Klarheiten. Aber wenn kein profunder, so war Erasmus doch ein ungewöhnlich weiter Geist, wenn kein Tiefdenker, so doch ein Richtigdenker, ein Helldenker und Freidenker im Sinne Voltaires und Lessings, ein vorbildlicher Versteher und Verständlichmacher, ein Aufklärer in des Wortes edelster Bedeutung. Helligkeit und Redlichkeit zu verbreiten, war für ihn eine Naturfunktion. Alles Wirre widerte ihn an, alles verworren Mystische und verstiegen Metaphysische stieß ihn organisch ab; wie Goethe haßte er nichts so sehr wie das "Nebulose". Das Weite lockte ihn aus sich heraus, aber die Tiefe zog ihn nicht an: über den "Abgrund" Pascals hat er sich nie gebeugt, er kannte nicht die seelischen Durchschütterungen eines Luther, Loyola oder Dostojewskij, diese Art furchtbarer Krisen, die geheimnisvoll schon Tod und Wahnsinn verwandt sind. Alles Übertreibliche mußte seiner vernünftlerischen Art fremd bleiben. Aber anderseits war auch kein anderer Mensch des Mittelalters so wenig abergläubisch wie er. Er hat wahrscheinlich leise gelächelt über die Krämpfe und Krisen seiner Zeitgenossen, über die Höllenvisionen Savonarolas, über die panische Teufelsangst Luthers, die astralen Phantasien eines Paracelsus; nur das Allverständliche konnte er verstehen und verständlich machen. Die Klarheit saß organisch schon in seinem ersten Blick, und was immer er anleuchtete mit seinem unbestechlichen Auge, wurde sofort licht und ordnungshaft. Dank dieser wasserklaren Durchsichtigkeit seines Denkens und der Einsichtigkeit seines Gefühls ist er der große Verständlichmacher, Zeitkritiker, Erzieher und Lehrer seines Jahrhunderts geworden, aber Lehrer nicht nur für sein Geschlecht, sondern auch für die nächsten, denn alle Aufklärer, Freidenker und Enzyklopädisten des achtzehnten Jahrhunderts und noch viele Pädagogen des neunzehnten sind Geist von seinem Geist.

In allem Nüchternen und Lehrhaften versteckt sich aber die Gefahr der Verflachung ins Philiströse, und wenn die Aufklärerei des siebzehnten, des achtzehnten Jahrhunderts uns durch ihre anmaßende Vernünftelei anwidert, so ist das nicht des Erasmus Schuld, denn sie äffte nur seine Methode nach und entbehrte seines Geistes. Jenen Kleingeistern fehlte das Gran attischen Salzes, jene souveräne Überlegenheit, die alle Briefe und Dialoge ihres Meisters so unterhaltsam, so literarisch schmackhaft macht. In Erasmus balancierte immer eine heitere spöttische Laune mit dem Gravitätisch-Gelehrtenhaften, er war stark genug, um mit seiner geistigen Kraft auch spielen zu können, und vor allem war ihm ein zugleich funkelnder und doch nicht bösartiger, ein kaustischer und doch nicht böswilliger Witz zu eigen, dessen Erbe Swift wurde und dann Lessing, Voltaire und Shaw. Erasmus wußte als erster großer Stilist der neuen Zeit gewisse ketzerische Wahrheiten zwinkernd und blinzelnd zu flüstern, er verstand es, mit genialer Frechheit und unnachahmlicher Geschicklichkeit die allerheikelsten Dinge an der Nase der Zensur vorbeizuschreiben, ein gefährlicher Rebell, der sich selbst aber nie gefährdete, geschützt durch seinen Gelehrtentalar oder ein rasch übergestülptes Schalksgewand. Für ein Zehnteil dessen, was Erasmus an kühnen Dingen seiner Zeit sagte, kamen andere auf den Scheiterhaufen, weil sie es grob herauspolterten; seine Bücher aber nahmen Päpste und Kirchenfürsten, Könige und Herzöge hochgeehrt entgegen und entgalten sie sogar mit Würden und Geschenken; dank seiner literarisch-humanistischen Verpackungskunst hat Erasmus eigentlich den ganzen Sprengstoff der Reformation in die Klöster und Fürstenhöfe hineingeschmuggelt. Mit ihm beginnt – überall war er Bahnbrecher – die Meisterschaft politischer Prosa mit ihrer ganzen Skala vom Dichterischen bis zum muntern Pasquill, jene beflügelte Kunst des zündenden Worts, die dann bei Voltaire, Heine und Nietzsche herrlich vollendet aller weltlichen und geistlichen Mächte spottet und immer dem Bestehenden gefährlicher war als die grobe offene Attacke der Schwerblütigen. Durch Erasmus wird der Schriftsteller zum erstenmal eine europäische Macht neben den andern Mächten. Und daß er sie nicht im Sinne der Auflösung und Aufhetzung, sondern einzig in jenem der Bindung und Gemeinsamkeit geübt hat, bleibt sein dauernder Ruhm.

Dieser große Schriftsteller ist Erasmus nicht von Anfang an gewesen. Ein Mann seiner Art muß alt werden, um in die Welt zu wirken. Ein Pascal, ein Spinoza, ein Nietzsche können jung sterben, weil ihr zusammengefaßter Geist gerade in den engsten und geschlossensten Formen Vollendung findet. Ein Erasmus dagegen, ein sammelnder, suchender, ein kommentierender und komprimierender Geist, der seine Substanz nicht so sehr in sich selbst hat, als er sie aus der Welt gewinnt, wirkt nicht durch seine Intensität, sondern durch seine Extensität. Erasmus war mehr Könner als Künstler, für seine ewig parate Intelligenz ist Schreiben nur eine andere Form des Gesprächs, sie kostet seiner geistigen Beweglichkeit keine sonderliche Mühe, und er erklärt selbst einmal, daß es ihm weniger Anstrengung bereite, ein neues Buch zu verfassen, als die Korrektur eines alten zu lesen. Er braucht sich nicht zu erhitzen, nicht zu steigern, sein Verstand ist ohnehin immer rascher, als das Wort ihm folgen kann. "Mir war", schreibt Zwingli, "als ich Deine Schrift las, als ob ich Dich reden hörte und Deine kleine, aber zierliche Gestalt auf das gefälligste sich bewegen sähe." Je leichter er schreibt, desto überzeugender, je mehr er schafft, um so wirksamer.

Die erste Schrift, die Erasmus Ruhm einbringt, dankt ihr Glück einem Zufall oder vielmehr einem unbewußten Erkennen der Zeitatmosphäre. Im Laufe der Jahre hatte der junge Erasmus zu Lehrzwecken für seine Schüler eine Sammlung lateinischer Zitate zusammengestellt, bei guter Gelegenheit ließ er sie in Paris unter dem Titel "Adagia" drucken. Damit kommt er unbeabsichtigt dem Snobismus der Zeit entgegen, denn gerade war Latein die große Mode geworden, und jeder Mann von literarischem Rang – dieser Mißbrauch reicht bis nahe an unser Jahrhundert – glaubte sich als "Gebildeter" verpflichtet, einen Brief oder eine Abhandlung oder eine Rede mit lateinischen Zitaten spicken zu müssen. Die geschickte Auswahl des Erasmus sparte nun allen humanistischen Snobs die Mühe, selbst die Klassiker zu lesen. Wenn einer einen Brief schreibt, braucht er von nun an nicht lange Folianten zu wälzen, sondern er fischt sich rasch eine hübsche Floskel aus den "Adagia" heraus. Und da die Snobs zu allen Zeiten zahlreich sind und waren, macht das Buch rasch seinen Weg: ein Dutzend Auflagen, jede fast doppelt soviel Zitate als die vorhergehende enthaltend, werden in allen Ländern gedruckt, und mit einmal ist der Name des Findlings und Bastards Erasmus berühmt in der ganzen europäischen Welt.

Ein einmaliger Erfolg beweist nichts für einen Schriftsteller. Wiederholt er sich aber immer und immer wieder und jedesmal auf einem andern Gebiete, dann deutet sich eine Berufung an, dann ist ein besonderer Instinkt bei diesem Künstler bezeugt. Diese Kraft läßt sich nicht steigern, diese Kunst nicht erlernen; niemals zielt auch Erasmus bewußt auf einen Erfolg, und immer fällt er ihm wieder auf das überraschendste zu. Wenn er in seinen "Colloquia" privat für seine ihm anvertrauten Schüler ein paar Dialoge zur leichteren Erlernung des Lateins hinschreibt, wird ein Lesebuch daraus für drei Generationen. Wenn er in seinem "Lob der Torheit" eine scherzhafte Satire zu schreiben meint, entfesselt er mit diesem Buch eine Revolution gegen alle Autoritäten. Wenn er die Bibel aus dem Griechischen ins Lateinische neu übersetzt und kommentiert, beginnt damit eine neue Theologie; wenn er für eine fromme Frau, die sich über die unreligiöse Gleichgültigkeit ihres Mannes kränkt, innerhalb weniger Tage ein Trostbuch schreibt, wird es ein Katechismus der neuen evangelischen Frömmigkeit. Ohne zu zielen, trifft er immer ins volle. Was immer ein freier und unbefangener Geist souverän berührt, wird neu für eine in überlebten Vorstellungen befangene Welt. Denn wer selbständig denkt, denkt zugleich auch am besten und förderlichsten für alle.

Bildnis

"Das Gesicht des Erasmus ist eines der sprechendsten, der entscheidendsten Gesichter, die ich kenne", sagt Lavater, dem wohl niemand im Physiognomischen Kennerschaft abstreiten wird. Und so, als ein "entscheidendes", als für einen neuen Menschentypus sprechendes Antlitz, empfanden es auch die großen Maler seiner Zeit. Nicht weniger als sechsmal hat der präziseste aller Porträtisten, hat Hans Holbein in verschiedenen Lebensaltern den großen Praeceptor mundi abkonterfeit, zweimal Albrecht Dürer, einmal Quinten Matsys; kein anderer Deutscher besitzt eine ähnlich ruhmreiche Ikonographie. Denn Erasmus, das lumen mundi, malen zu dürfen, war zugleich öffentlich dargebrachte Huldigung an den universalischen Mann, der die abgetrennten Handwerksgilden der einzelnen Künste zu einer einzigen humanistischen Bildungsbrüderschaft vereinigt hatte. In Erasmus verherrlichten die Maler ihren Schirmherrn, den großen Vorkämpfer um die neue musische und moralische Gestaltung des Daseins; mit allen Insignien dieser geistigen Macht stellten sie ihn darum auf ihren Tafeln dar. Wie der Krieger mit seinem Rüstzeug, mit Helm und Schwert, der Adelige mit Wappen und Spruch, der Bischof mit Ring und Ornat, so erscheint auf jedem Bild Erasmus als der Kriegsherr der neuentdeckten Waffe, als der Mann mit dem Buch. Ausnahmslos malen sie ihn von Büchern umgeben wie von einer Heerschar, schreibend oder schaffend: bei Dürer hält er in der linken Hand die Tintenbüchse, in der rechten die Feder, neben ihm liegen Briefe, vor ihm Folianten gehäuft. Holbein stellt ihn einmal dar, die Hand auf ein Buch gestützt, das symbolisch den Titel "Die Taten des Herakles" führt – eine geschickte Huldigung, um das Titanische der erasmischen Arbeitsleistung zu rühmen –, ein andermal belauscht er ihn, wie er die Hand auf das Haupt des altrömischen Gottes Terminus legt, also den "Begriff" formend und erschaffend – immer aber ist gleichzeitig mit dem Körperlichen das "Feine, Bedächtige, Klug-Furchtsame" (Lavater) seiner intellektuellen Haltung betont, immer das Denkerische, Suchende, Sichversuchende, das diesem sonst eher abstrakten Antlitz unvergleichlichen und unvergeßlichen Glanz verleiht.

Denn an sich, rein körperlich, bloß als Maske, als Oberfläche betrachtet, ohne die in den Augen sich von innen her sammelnde Kraft, wäre des Erasmus Antlitz keineswegs schön zu nennen. Die Natur hat diesen geistig reichen Mann nicht verschwenderisch bedacht, sie hat ihm nur ein geringes Maß von wirklicher Lebensfülle und Vitalität mitgegeben: ein ganz kleines, schmalköpfiges Körperchen statt eines festen, gesunden, widerstandsfähigen Leibes. Dünn, blaß, temperamentlos hat sie ihm das Blut in die Adern getan und über die empfindlichen Nerven eine zarte, kränkliche, stubenfarbene Haut gespannt, die mit den Jahren sich fältelt wie graues, brüchiges Pergament und zu tausend Runzeln und Runen zerbröckelt. Überall fühlt man dies Zuwenig an Vitalität; das Haar, zu dünn und nicht vollgesättigt mit Pigment, liegt als farbloses Blond um die blau durchäderten Schläfen, die blutarmen Hände leuchten durchsichtig wie Alabaster, zu scharf und wie eine Kielfeder spitz stößt die Nase aus dem Vogelgesicht, zu schmal geschnitten, zu sibyllinisch sind die verschlossenen Lippen mit ihrer schwachen tonlosen Stimme, zu klein und verdeckt trotz aller ihrer Leuchtkraft die Augen, nirgends glüht eine starke Farbe, rundet sich volle Form in diesem strengen Arbeits- und Asketengesicht. Es ist schwer, sich diesen gelehrten Mann jung vorzustellen, Pferde reitend, schwimmend und fechtend, mit Frauen scherzend oder gar kosend, von Wind und Wetter umstürmt, laut redend und lachend. Unwillkürlich denkt man bei diesem feinen, ein wenig konservenhaft trockenen Mönchsgesicht zunächst an verschlossene Fenster, an Ofenhitze, Bücherstaub, an durchwachte Nächte und durcharbeitete Tage; keine Wärme, keine Kraftströme gehen von diesem kühlen Antlitz aus, und in der Tat, immer friert Erasmus, immer hüllt sich dieses zimmersitzerische Männchen in weitärmelige, dicke, pelzverbrämte Gewänder, immer bedeckt er gegen die quälende Zugluft mit dem Samtbarett das früh schon kahle Haupt. Es ist das Antlitz eines Menschen, der nicht im Leben lebt, sondern im Denken, dessen Kraft nicht im ganzen Körper liegt, sondern einzig in der knöchernen Wölbung hinter den Schläfen verschlossen ist. Widerstandslos gegen die Wirklichkeit, hat Erasmus nur in der Gehirnleistung seine wahre Vitalität.

Einzig durch diese Aura vom Geistigen her wird das Antlitz des Erasmus bedeutend: unvergleichlich, unvergeßlich darum das Bild Holbeins, das Erasmus im heiligsten Augenblick, in der schöpferischen Sekunde der Arbeit darstellt, dieses Meisterwerk seiner Meisterwerke und vielleicht schlechthin die vollkommenste malerische Darstellung eines Schriftstellers, dem das erlebte Wort sich magisch umsetzt in die Sichtbarkeit der Schrift. Man erinnert sich an das Bild – denn wer, der es gesehen, könnte es je wieder vergessen! –: Erasmus steht vor seinem Schreibpult, und man spürt unwillkürlich bis in die Nerven hinein: er ist allein. Es herrscht völlige Stille in diesem Raum, die Tür hinter dem arbeitenden Manne muß geschlossen sein, niemand geht, nichts regt sich in der engen Zelle, aber was auch ringsum geschähe, dieser Mensch, versunken in sich selbst, gebannt in die Trance des Schaffens, er bemerkte es nicht. Steinern ruhig scheint er in seiner Unbewegtheit, aber blickt man ihn näher an, so ist dieser Zustand nicht Ruhe, sondern völliges In-sich-Gebanntsein, ein geheimnisvoller, ganz im Innerlichen sich vollziehender Lebenszustand.

Denn in gespanntester Konzentration folgt das blauleuchtende Auge, als strahlte Licht aus seiner Pupille über das Wort, der Schrift auf dem weißen Blatt, wo die rechte, die schmale, dünne, fast weibische Hand ihre Zeichen zieht, gehorsam einem Befehl, der von oben kommt. Der Mund ist verschlossen, die Stirne glänzt still und kühl, mechanisch und leicht scheint der Kiel seine Runen zu setzen auf das stille Blatt. Aber doch, ein kleiner vorgebuckelter Muskel zwischen den Augenbrauen verrät die Anstrengung der Denkarbeit, die sich unsichtbar, fast unmerkbar vollzieht. Beinahe immateriell läßt diese kleine, krampfhafte Falte nahe der schöpferischen Zone des Gehirns das schmerzhafte Ringen um den Ausdruck ahnen, um das richtig zu setzende Wort. Das Denken tritt damit geradezu körperlich in Erscheinung, und man begreift: alles ist Spannung und Gespanntheit um diesen Menschen, von geheimnisvollen Strömen durchschwungen dieses Schweigen; großartig gelangt in dieser Darstellung der sonst unbelauschbare Moment der chemischen Kraftumschaltung von geistiger Materie zu Form und Schrift zur Erscheinung. Stundenlang kann man dieses Bild ansehen und seiner schwingenden Stille lauschen, denn im Symbol des arbeitenden Erasmus hat Holbein den heiligen Ernst jedes geistigen Arbeiters, die unsichtbare Geduld jedes wahren Künstlers verewigt.

Nur in diesem einen Bildnis spürt man die Wesenheit des Erasmus, ausschließlich hier ahnt man die verborgene Stärke hinter dem kleinen kümmerlichen Leib, den dieser Geistmensch wie ein lästiges und zerbrechliches Schneckenhaus mit sich schleppte. Erasmus hat zeitlebens an der Unzuverlässigkeit seiner Gesundheit gelitten, denn was die Natur ihm an Muskeln versagte, hatte sie ihm an Nerven überreichlich zugeteilt. Immer, schon als ganz junger Mensch, leidet er neurasthenisch und vielleicht hypochondrisch an Überempfindlichkeit seiner Organe; zu knapp, zu löcherig hat die Natur ihm die Schutzdecke der Gesundheit gespannt, immer bleibt irgendwo eine Stelle unbehütet und empfindlich. Bald ist es der Magen, der versagt, bald reißen ihn rheumatisch die Glieder, bald quält ihn ein Steinleiden, bald zwickt ihn die Gicht mit böser Zange, jeder scharfe Lufthauch wirkt auf den Übersensitiven wie Kaltes auf einen hohlen Zahn, und seine Briefe bilden einen fortwährenden Krankheitsbericht. Kein Klima behagt ihm vollkommen, er stöhnt unter Hitze, wird melancholisch bei Nebel, er verabscheut den Wind, er friert bei leisester Kälte, aber anderseits verträgt er geheizte Kachelöfen nicht, jede Ausdünstung unreiner Luft verursacht ihm Kopfschmerz und Übelkeiten. Vergebens hüllt er sich immer in Pelze und dicke Gewänder: es genügt nicht zu normaler Körperwärme, täglich braucht er Burgunder, um sein schlaffes Blut halbwegs in Fluß zu halten. Aber ist der Wein nur um einen Stich zu säuerlich, so melden sich schon Feuersignale in den Eingeweiden. Für wohlbereitetes Essen leidenschaftlich empfänglich, ein trefflicher Schüler Epikurs, hat Erasmus unsägliche Angst vor schlechter Kost, denn bei verdorbenem Fleisch rebelliert ihm der Magen, und schon der bloße Geruch von Fischen schnürt ihm die Kehle zu. Diese Empfindlichkeit nötigt ihn zur Verwöhnung, Kultur wird ihm Bedürfnis: Erasmus kann nur feine und warme Stoffe am Leib tragen, nur in saubern Betten schlafen, auf seinem Arbeitstisch müssen die teuren Wachskerzen brennen statt des üblichen rußenden Kienspans. Jede Reise wird darum widriges Abenteuer, und die Berichte des ewigen Wanderers über die damals noch arg rückständigen deutschen Gasthöfe bilden einen kulturhistorisch unersetzlichen und zugleich ergötzlichen Schiffskatalog von Flüchen und Fährlichkeiten. Täglich macht er in Basel einen Umweg zu seiner Wohnung, um eine besonders übelriechende Gasse zu vermeiden, denn jede Form von Gestank, Lärm, Unrat, Rauch und, ins Geistige übertragen, Roheit und Tumult verursachen seiner Sensibilität mörderische Seelenqual; als ihn Freunde einmal in Rom zu einem Stiergefecht führen, erklärt er angeekelt, er "habe keine Freude an solchen blutigen Spielen, diesen Überresten der Barbarei", seine innere Zartheit leidet unter jeder Form von Unkultur. Verzweifelt sucht dieser einsame Hygieniker mitten im Zeitalter wüster körperlicher Vernachlässigung in der Barbarenwelt nach derselben Sauberkeit, die er als Künstler, als Schriftsteller in seinem Stil, in seiner Arbeit verwirklicht; sein moderner, nervöser Organismus hat seinen grobknochigen, grobhäutigen, eisennervigen Zeitgenossen kulturelle Bedürfnisse späterer Jahrhunderte voraus. Aber die Angst seiner Ängste ist die Pest, die damals mörderisch von Land zu Land zieht. Kaum, daß er hört, die schwarze Seuche sei hundert Meilen weit aufgetaucht, so fährt es ihm gleich eisig über den Rücken, sofort bricht er seine Zelte ab und flieht panikartig, gleichgültig, ob der Kaiser ihn zum Rate ruft oder die lockendsten Angebote ihn fordern: seinen Körper mit

Aussatz, Schwären oder Ungeziefer bedeckt zu sehen, würde ihn vor sich selber erniedrigen. Diese Überängstlichkeit vor jeder Krankheit hat Erasmus nie verleugnet, und als ehrlicher Diesseitsmensch schämt er sich nicht im mindesten einzugestehen, er "erbebe beim bloßen Namen des Todes". Denn wie jeder, der gern arbeitet und seine Arbeit wichtig nimmt, will er nicht einem dummen, tölpischen Zufall, einer einfältigen Ansteckung zum Opfer fallen, und gerade weil er als guter Selbstkenner seine angeborene Körperschwäche, seine nervenmäßige, besondere Bedrohtheit besser als jeder andere kennt, schont er und spart er sein kleines empfindliches Körperchen mit ängstlicher Ökonomie. Er vermeidet üppige Gastlichkeiten, er achtet sorgsam auf Reinlichkeit und gutbereitete Nahrung, er meidet die Lockungen der Venus, und vor allem fürchtet er Mars, den Gott des Krieges. Je mehr den Alternden die Körpernot bedrängt, um so bewußter wird seine Lebensmethode zu einem ständigen Rückzugsgefecht, um das bißchen Ruhe, Sicherheit und Abgeschiedenheit zu retten, das er für seine einzige Lebenslust, die Arbeit, braucht. Und nur dank dieser hygienischen Sorgsamkeit, dieser sinnlichen Resignation ist Erasmus das Unwahrscheinliche gelungen, das zerbrechliche Vehikel seines Körpers quer durch die wildeste und wüsteste aller Zeiten siebzig Jahre leidlich hindurchzuschleppen und das einzige zu bewahren, was ihm in diesem Dasein wahrhaft wichtig war: die Helligkeit seines Blicks und die Unantastbarkeit seiner innern Freiheit.

Mit einer solchen Furchtsamkeit der Nerven, einer solchen Überempfindlichkeit der Organe wird man schwerlich ein Held; unvermeidlich muß der Charakter einen derart unzuverlässigen Körperhabitus spiegeln. Daß dieses so zarte, fragile Männchen inmitten der wilden Kraftnaturen der Renaissance und der Reformation zum Rottenführer wenig tauglich gewesen, zeigt ein Blick auf sein geistiges Bild. "Nirgends ein Zug vordringender Kühnheit", urteilt Lavater von seinem Gesicht, und das gleiche gilt von Erasmus' Charakter. Einem wirklichen Kampf war dieses Nicht-Temperament nie gewachsen; Erasmus kann sich nur verteidigen in der Art gewisser Kleintiere, die in Gefahr sich totstellen oder die Farbe verändern, am liebsten aber zieht er sich bei einem Tumult in sein Schneckengehäuse zurück, in seine Studierstube: nur hinter dem Wall seiner Bücher weiß er sich innerlich gesichert. Erasmus in schicksalsträchtigen Augenblicken zu beobachten, ist beinahe peinlich, denn sobald es scharf auf scharf geht, schleicht er eilig aus der Gefahrenzone, er deckt sich den Rückzug vor jeder Entscheidung mit unverbindlichem "Wenn" und "Insofern", pendelt zwischen Ja und Nein, verwirrt seine Freunde und verärgert seine Feinde, und wer auf ihn als Bundesgenossen zählte, würde ganz jämmerlich sich betrogen fühlen. Denn Erasmus als unerschütterlicher Einzelgänger will niemandem treu bleiben als sich selber. Er verabscheut instinktiv jede Art von Entscheidungen, weil sie Bindungen sind, und wahrscheinlich hätte ihn Dante, dieser leidenschaftlich Liebende, um seiner Lauheit willen in die Vorhölle geworfen zu den "Neutralen", zu jenen Engeln, die im Kampf zwischen Gott und Lucifer gleichfalls nicht Partei nehmen wollen zu

"quel cattivo coro
Degli angeli che non furon rebelli
Ne' fur fedeli a Dio, ma per se foro."

Überall wo Hingabe gefordert wird und volle Verpflichtung, zieht sich Erasmus zurück in sein kaltes Schneckenhaus der Unparteilichkeit, für keine Idee der Welt und für keine Überzeugung hätte er jemals sich bereit gefunden, als Blutzeuge das Haupt auf den Block zu legen. Diese der ganzen Zeit bekannte Charakterschwäche war aber niemandem bewußter als Erasmus selbst. Willig gestand er zu, daß sein Körper, seine Seele nichts von jener Materie enthielten, aus der die Natur Märtyrer formt, aber er hatte sich für seine Lebenshaltung Platos Wertstufung zu eigen gemacht, daß Gerechtigkeit und Nachgiebigkeit die ersten Tugenden des Menschen seien: erst an zweiter Stelle käme der Mut. Des Erasmus Mut äußerte sich höchstens darin, daß er die Aufrichtigkeit besaß, sich dieser seiner Mutlosigkeit nicht zu schämen (eine sehr seltene Form übrigens der Ehrlichkeit zu allen Zeiten), und als man ihm einmal diesen Mangel an kämpferischer Tapferkeit grob vorwarf, antwortete er lächelnd und fein mit dem souveränen Wort: "Das wäre ein harter Vorwurf, sofern ich ein Schweizer Söldner wäre. Aber ich bin ein Gelehrter und brauche meine Ruhe zur Arbeit."

Verläßlich an diesem Unverläßlichen war eigentlich nur ein Element: das unermüdlich und ebenmäßig arbeitende Gehirn, gleichsam ein Sonderkörper jenseits seines schwächlichen Leibes. Das kannte keine Anfechtungen, keine Müdigkeiten, kein Schwanken, keine Unsicherheit, von den frühesten Jahren bis zur Sterbestunde wirkt es mit der gleichen klaren und lichtaussendenden Kraft. In Fleisch und Blut ein schwächlicher Hypochondricus, war Erasmus ein Riese in der Arbeit. Er brauchte kaum mehr als drei bis vier Stunden Schlaf für sein Körperchen – ach, er nützt es so wenig ab! – die übrigen zwanzig Stunden war er rastlos tätig, schreibend, lesend, disputierend, kollationierend, korrigierend. Er schreibt auf der Reise, im holpernden Wagen, in jeder Wirtsstube wird ihm der Tisch sofort zum Arbeitspult. Wachsein ist für ihn gleichbedeutend mit schriftstellerischem Tätigsein, und der Schreibstift gewissermaßen ein sechster Finger seiner Hand. Hinter seine Bücher und seine Papiere verschanzt, beobachtet er wie aus einer camera obscura eifersüchtig-neugierig alle Geschehnisse, kein Fortschritt in den Wissenschaften, keine Erfindung, kein Pamphlet, kein politisches Ereignis entgehen seinem spähenden Blick, alles weiß er durch das Medium der Bücher und Briefe, was sich in der runden Welt begibt. Daß diese Überleitung fast ausschließlich durch das geschriebene und gedruckte Wort geschah, daß sich der Stoffwechsel mit der Wirklichkeit bei Erasmus einzig auf zerebralem Wege vollzog,hat freilich einen Zug von Akademismus, eine gewisse abstrakte Kühle in sein Werk gebracht; wie dem Körper, fehlt auch seinen Schriften meist die volle Saftigkeit und Sinnlichkeit. Nur mit dem Gehirnauge, nicht mit allen lebenden und saugenden Organen erfaßt hier ein Mensch die Welt, aber diese seine Neugier, seine Wissensgier umfaßt alle Sphären. Wie ein Scheinwerfer beweglich streut sie ihr Licht auf alle Probleme des Lebens und erhellt sie mit einer gleichmäßigen und mitleidslosen Schärfe, ein durchaus moderner Denkapparat von unübertrefflicher Präzision und großartiger Reichweite. Kaum ein Feld zeitgenössischer Betätigung bleibt unbelichtet, auf jedem Gebiet des Denkens ist dieser anregende, unruhig schweifende und doch immer klar visierende Geist Vorausgänger und Bahnbrecher späterer zusammengefaßterer Bemühung. Denn Erasmus war ein geradezu magischer Wünschelruteninstinkt zu eigen, er spürte an jeder Stelle, wo seine Zeitgenossen ahnungslos vorüberschritten, die Gold- und Silberadern der aufzuschürfenden Probleme. Er spürt sie, er wittert sie, er deutet als erster auf sie hin, aber mit dieser Finderfreude ist sein ungeduldig weiterschweifendes Interesse meist erschöpft, und das eigentliche Schatzheben, die Mühe des Ausgrabens, Siebens und Auswertens läßt er den Nachfahren. Hier liegt seine Grenze. Erasmus (oder vielmehr: sein großartiges Gehirnauge) leuchtet die Probleme nur an, er erledigt sie nicht: wie seinem Blut, seinem Körper die pulsende Leidenschaft, so fehlt seinem Schöpfertum der äußerste Fanatismus, die letzte Verbissenheit, der Furor der Einseitigkeit: die Weite ist seine Welt, nicht die Tiefe.

Darum wird jede Beurteilung dieser merkwürdig modernen und zugleich überzeitlichen Gestalt zur Ungerechtigkeit, sofern sie das Maß nur an ihrem Werk und nicht auch an ihrer Wirkung nimmt. Denn Erasmus war eine Seele mit vielen Schichten, ein Konglomerat der verschiedensten Begabungen, eine Summe, aber keine Einheit. Kühn und ängstlich, vordringend und doch unentschlossen vor dem letzten Stoß, kämpferisch im Geiste, friedliebend mit dem Herzen, eitel als Literat und tiefdemütig als Mensch, Skeptiker und Idealist, bindet er alle Gegensätze in lockerem Gemenge in sich zusammen. Ein bienenfleißiger Gelehrter und ein freigeistiger Theologe, ein strenger Zeitkritiker und ein milder Pädagoge, ein etwas nüchterner Poet und ein brillanter Briefschreiber, ein grimmiger Satiriker und ein zarter Apostel aller Menschlichkeit – das alles hat gleichzeitig in diesem weiten Geiste Raum, ohne sich zu befeinden oder zu erdrücken. Denn das Talent seiner Talente: Widerstreitendes zu vereinen, Gegensätze zu lösen, hat sich nicht nur im äußern Leben, sondern unter der eigenen Haut ausgewirkt. Aus einer solchen Vielfältigkeit aber kann sich naturgemäß keine einheitliche Wirkung ergeben, und was wir die erasmische Substanz, die erasmischen Ideen nennen, hat in einzelnen seiner Nachfahren dank einer konzentrierteren Ausdrucksform eindringlichere Prägung gefunden als in Erasmus selbst. Die deutsche Reformation und die Aufklärung, die freie Bibelforschung und anderseits die Satire eines Rabelais und Swift, die europäische Idee und der moderne Humanismus – all das sind Gedanken aus seinem Denken und nichts seine eigene Tat; überall hat er den ersten Anstoß gegeben, überall die Probleme in Bewegung gesetzt, aber überall haben die Bewegungen ihn selbst überholt. Selten sind die verstehenden Naturen auch die vollbringenden, weil Weitsicht die Stoßkraft lähmt, "selten wird", wie Luther sagt, "ein gutes Werk aus Weisheit und Vorsichtigkeit unternommen, es muß alles in Unwissenheit geschehen". Erasmus war das Licht seines Jahrhunderts, andere waren seine Kraft: er erhellte den Weg, andere wußten ihn zu schreiten, indes er selbst, wie immer die Quelle des Lichts, im Schatten blieb. Aber der die Wege ins Neue weist, ist nicht minder verehrungswert, als der sie als erster beschreitet; auch die im Unsichtbaren wirken, haben ihre Tat getan.

Meisterjahre

Unvergleichlicher Glücksfall im Leben eines Künstlers, wenn er die thematische Kunstform findet, in der er die Summe seiner Begabungen harmonisch zusammenschließen kann. Das ist Erasmus dank einem blendenden und vollkommen erfüllten Einfall in seinem "Lob der Narrheit" gelungen; hier finden sich der vielwissende Gelehrte, der scharfe Zeitkritiker, der satirische Spötter in ihm brüderlich zusammen, und in keinem seiner Werke kennt und erkennt man Erasmus so sehr als Meister wie in diesem seinem berühmtesten, dem einzigen auch, welches der Vergänglichkeit widerstanden hat. Dabei war dieser Kernschuß ins Herz der Zeit aus völlig lockerer, bloß spielender Hand getan: in sieben Tagen und wirklich bloß zur Herzerleichterung ist dieses blendende Satirikon flüssig hingeschrieben. Aber gerade diese Leichtigkeit gab ihm Flügel und die Sorglosigkeit den unbekümmerten Schwung. Erasmus hatte damals das vierzigste Jahr überschritten und nicht nur unermeßlich viel gelesen und geschrieben, sondern auch mit seinem kühlen und skeptischen Auge tief in die Menschheit geblickt. Er fand sie durchaus nicht nach seinem Wunsch. Er sah, wie wenig Macht die Vernunft besitzt über die Wirklichkeit, sehr torenhaft schien ihm das ganze wirre Treiben, und wohin immer er blickte, sah er im Sinne von Shakespeares Sonetten:

"Verdienst als Bettelmann geboren
Und dürft'ges Nichts in Herrlichkeit gefaßt
Und Kunst geknebelt von der Obrigkeit

Und Geist geworden ohne Recht
Und dumm befunden schlichte Redlichkeit."

Wer lange arm gewesen wie er, wer lange im Dunkel und almosenbettelnd vor den Türen der Mächtigen gestanden, der hat sich das Herz voll Bitternis gesogen wie einen galligen Schwamm, der weiß um die Ungerechtigkeit und Narrenhaftigkeit alles menschlichen Tuns, und die Lippe bebt ihm manchmal von Zorn und ersticktem Schrei. Aber Erasmus ist in tiefster Seele kein "seditiosus", kein Rebell, keine radikale Natur: die grelle, die pathetische Anklage entspricht nicht seinem gemäßigten und vorsichtigen Temperament. Erasmus fehlt völlig der naive und schöne Wahn, man könne mit einem Ruck und Stoß alles Schlechte auf Erden umstürzen, – wozu es sich also mit der Welt verderben, denkt er gelassen, da man sie allein doch nicht ändern kann, da anscheinend dies Betrügen und Sichbetrügen zum ewig Menschlichen und Unabänderlichen gehört. Der Kluge beschwert sich nicht, der Weise erregt sich nicht: er sieht mit scharfen Augen und verächtlicher Lippe auf dies törichte Treiben und geht – Dantes "Guarda e passa!" – seinen eigenen, beharrlichen Weg.

Aber manchmal lockert doch eine leichte Laune für eine Stunde den strengen und resignierten Blick auch des Weisen: dann lächelt er und erhellt mit diesem Lächeln ironisch die Welt. Der Weg des Erasmus führte in jenen Tagen (1509) über die Alpen, er kam aus Italien zurück. Dort hatte er die Kirche in völligem religiösen Verfall gesehen, den Papst Julius als Condottiere, umschart von seinen Kriegsmannen, die Bischöfe, statt in apostolischer Armut, in Prunk und Prasserei, er hat die frevlerische Kriegswut der Fürsten in diesem zerrütteten Lande erlebt, raubgierig wie Wölfe einer den andern bekämpfend, die Anmaßung der Mächtigen, die grauenhafte Verarmung des Volkes, tief hat er wieder einmal hineingeblickt in den Abgrund des Widersinns. Aber jetzt lag das fern wie eine dunkle Wolke hinter dem übersonnten Grat der Alpen; Erasmus, der Gelehrte, der Büchermensch, saß im Sattel, er schleppte – besonderer Glücksfall – sein philologisches Gepäck nicht mit sich, seine Codices und Pergamente, an denen sonst seine Neugier kommentatorisch haften blieb. Sein Geist war hier frei in der freien Luft, er hatte Lust zu Spiel und Übermut; da flog ein Einfall ihm zu, bunt und bezaubernd wie ein Schmetterling, und er nahm ihn mit sich von dieser glückhaften Reise. Kaum in England angelangt, schrieb er dann im hellen, vertrauten Landhaus des Thomas Morus die kleine Scherzschrift hin, eigentlich nur, um dem versammelten Kreise Erheiterung zu schenken, und benannte sie, Thomas Morus zu Ehren, mit dem Wortspiel "Encomium moriae" ("Laus stultitiae" auf Latein, was man am ehesten mit "Lob der Narrheit" [!] übersetzen kann).

Verglichen mit den ernsten, gewichtigen, wissenschaftlich belasteten und überlasteten Hauptwerken des Erasmus, nimmt sich dieses kleine, freche Satirikon zunächst etwas jungenhaft-übermütig, etwas schmalhüftig und leichtfüßig aus. Aber nicht Umfang und Gewicht verleihen Kunstwerken ihre innere Beständigkeit, und wie in der politischen Sphäre ein einziges Kernwort, ein tödlicher Witz oft entscheidender wirkt als eine demosthenische Rede, so überleben im Raum der Literatur die kleinen Formate zumeist die wuchtigen Wälzer; von den hundertachtzig Bänden des Voltaire ist eigentlich nur die spöttische, knappe Novelle des "Candide" lebendig geblieben, von den unzählbaren Folianten des schreibfreudigen Erasmus nur dies Zufallskind einer muntern Laune, nur dies blinkende Geistspiel: "Laus stultitiae."

Der einmalige und unwiederholbare Kunstgriff dieses Werkes ist ein genialer Mummenschanz: Erasmus nimmt nicht selber das Wort, um alle die bitteren Wahrheiten zu sagen, die er den Mächtigen dieser Erde zudenkt, sondern er schickt statt seiner die Stultitia, die Narrheit, auf das Katheder, damit sie sich selber lobe. Dadurch entsteht ein amüsantes Quiproquo. Man weiß niemals, wer eigentlich das Wort hat: spricht Erasmus im Ernst, spricht die Narrheit in persona, der man doch das Gröbste und Frechste verzeihen muß? Mit dieser Zweideutigkeit schafft sich Erasmus für alle Verwegenheiten eine unangreifbare Position; seine eigene Meinung läßt sich nicht fassen, und sollte es irgend jemandem einfallen, sich an ihn halten zu wollen wegen eines brennenden Peitschenhiebs, eines bissigen Hohnworts, wie er sie hier verschwenderisch nach allen Seiten austeilt, so kann er spöttisch abwehren: "Nicht ich habe das gesagt, sondern die Dame Stultitia; und wer wird Narrenrede ernst nehmen?" Zeitkritik in den Zeiten der Zensur und Inquisition durch Ironie und Symbole in die Welt zu schmuggeln, war von je der einzige Ausweg der Freigeistigen in den Epochen der Verdüsterung; selten aber hat jemand von diesem heiligen Narrenrecht der freien Rede geschickteren Gebrauch gemacht als Erasmus in dieser Satire, die das erste, das kühnste und zugleich künstlerischeste Werk seiner Generation darstellt. Ernst und Scherz, Wissen und heitere Hänselei, Wahrheit und Übertreibung wirbeln sich zu einem bunten Knäuel zusammen, der einem immer wieder munter entrollt, wenn man ihn fassen und ernstlich aufspulen will. Und man kann, vergleicht man es mit den groben Klopffechtereien, den geistlosen Schimpfereien seiner Zeitgenossen, wohl verstehen, wie ein solches blendendes Feuerwerk inmitten des geistigen Dunkels ein ganzes Jahrhundert entzückte und erlöste.

Spaßhaft hebt die Satire an. Frau Stultitia im Gelehrtentalar, aber die Schalkskappe auf dem Kopf (so hat sie Holbein gezeichnet) besteigt das Katheder und hält eine akademische Lobrede zu ihren eigenen Ehren. Sie allein sei es, rühmt sie sich, die mit ihren Dienerinnen, der Schmeichelei und der Selbstliebe, den Weltlauf in Gang hielte. "Ohne mich ist im Leben kein Bund, keine Gemeinschaft angenehm noch dauernd, und zwar würde das Volk nicht lange seinen Fürsten, der Herr nicht seinen Diener, die Zofe nicht ihre gnädige Frau, der Lehrer nicht seinen Schüler, der Freund nicht seinen Freund, die Gattin nicht den Gatten, der Wirt nicht den Gast, der Gefährte nicht den Gefährten, kurz kein Mensch den anderen dulden, wenn sie sich nicht gegenseitig bald täuschten, bald einander schmeichelten und klug nachgäben, wenn schließlich nicht alles durch eine Beigabe an Torheit gewürzt wäre." Nur durch die Überschätzung des Geldes müht sich der Kaufmann, nur durch die "Lockung des eitlen Ruhms", dank dem Irrlicht der Unsterblichkeit schafft der Dichter, nur vermöge seines Wahns wird der Krieger kühn.

Ein nüchtern kluger Mensch würde aus jedem Kampf fliehen, er würde nur gerade das Allernotwendigste um des Erwerbs willen tun, niemals würde er, wäre ihm nicht dieses Narrenkraut eingepflanzt, das Durst nach Ewigkeit gibt, seine Hand rühren und seinen Geist anspannen. Und nun prasseln die Paradoxien munter auf. Nur sie, die wahnspendende Stultitia und nur sie allein mache glücklich, jedweder Mensch sei um so glücklicher, je blinder er seiner Leidenschaft anhänge, je unvernünftiger er lebe. Denn alles Nachdenken und Sichquälen verdüstert die Seele; Lust ist niemals in der Klarheit und Klugheit, sondern immer nur im Rausch, in der Überschwenglichkeit, im Außersichsein, im Wahn; ein Schuß Narrheit gehört zu allem wahrhaften Leben, und der Gerechte, der Klarsichtige, der den Leidenschaften nicht Unterworfene stellt keineswegs den Normalmenschen dar, sondern eine Art Abnormität: "Nur wer im Leben von der Torheit befallen ist, kann wahrhaft Mensch genannt werden." Darum lobt sich die Stultitia als die wahre Triebfeder aller menschlichen Leistung mit vollen Backen, in verführerischer Suada legt sie dar, wie alle die vielgerühmten Tugenden der Welt, das Klarsehen und Wahrsehen, die Aufrichtigkeit und Ehrlichkeit, eigentlich nur danach angetan sind, dem Menschen, der sie übt, das Leben zu vergällen; und da sie außerdem eine gelehrte Dame ist, zitiert sie zu ihren Gunsten stolz den Sophokles: "Nur im Unverstand ist das Leben angenehm."

Um nach streng akademischer Art ihre These Punkt für Punkt zu erhärten, führt sie eifrig an ihrem Narrenseil die Zeugen heran. Jeder Stand zeigt bei dieser großen Parade seinen besonderen Wahn. Alle marschieren sie vor: die geschwätzigen Rhetoren, die haarspalterischen Rechtsgelehrten, die Philosophen, deren jeder das Weltall in seinen besonderen Sack tun möchte, die Adelsstolzen, die Geldraffer, die Scholastiker und Schriftsteller, die Spieler und Krieger und schließlich die ewigen Narren ihres Gefühls, die Liebenden, deren jeder in seinem Geliebten die Summe aller Lust und Schönheit einzig versammelt meint. Eine prachtvolle Galerie menschlicher Torheit stellt Erasmus mit seiner unvergleichlichen Weltkenntnis zusammen, und die großen Komödiendichter, ein Moliere und ein Ben Jonson, brauchten dann nur in dieses Marionettenspiel hineinzugreifen, um aus seinen leichtlinig angedeuteten Karikaturen wirkliche Menschen zu formen. Keine Spielart menschlicher Narretei ist geschont, keine vergessen, und gerade durch diese Vollständigkeit schützt sich Erasmus. Denn wer kann sich für besonders verspottet erklären, da kein anderer Stand besser wegkommt als der seine? Endlich und zum erstenmal kann sich die ganze Universalität des Erasmus auswirken, alle seine intellektuellen Kräfte, sein Witz und sein Wissen, sein heller Blick und sein Humor. Das Skeptische und Überlegene seiner Weltsicht spielen hier wie hundert

Funken und Farben einer Rakete im Aufschuß zusammen; ein hoher Geist erfüllt sich hier im vollendeten Spiel.

Im tiefsten Grunde war aber diese Schrift für Erasmus mehr als ein Scherz, und er konnte sich gerade in diesem scheinbaren Kleinwerke vollkommener als in irgendeinem andern offenbaren, weil dieses sein Lieblingswerk "Laus stultitiae" auch eine seelische Selbstabrechnung mit seinem innersten Wesen war. Erasmus, der sich über nichts und niemanden täuschte, kannte den untersten Grund jener geheimnisvollen Schwäche, der ihn am Dichterischen, am wahrhaft Schöpferischen hinderte, nämlich daß er immer zu vernünftig und zu wenig leidenschaftlich fühlte, daß sein Nicht-Partei-Nehmen und Über-den-Dingen-Stehen ihn außerhalb des Lebendigen stellte. Vernunft ist immer nur eine regulative Kraft, nie für sich allein eine schöpferische; das eigentlich Produktive aber setzt tatsächlich immer einen Wahn voraus. Weil so wunderbar wahnlos, ist Erasmus lebenslang immer leidenschaftslos geblieben, ein kühler und großer Gerechter, der das letzte Glück des Lebens, die volle Hingegebenheit, die heilige Selbstverschwendung nie gekannt. Zum erstenmal und einzigenmal ahnt man nun dank diesem Buche, daß Erasmus an seiner Vernünftigkeit, seiner Gerechtigkeit, seiner Verbindlichkeit, seiner Wohltemperiertheit heimlich gelitten hat. Und wie immer der Künstler am sichersten schafft, wo er ein ihm Fehlendes, ein Ersehntes in Gestalt verwandelt, so war auch hier gerade der Vernunftmensch par excellence der Berufene, um den heitern Hymnus an die Narrheit zu dichten und auf die klügste Weise den Vergötterern der reinen Klugheit eine Nase zu drehen.

Aber auch sonst darf man durch die souveräne Maskenkunst des Buches sich nicht über seine wahre Absicht täuschen lassen. Dieses scheinbar possenhafte "Lob der Narrheit" war hinter seiner Karnevalsmaske eines der gefährlichsten Bücher seiner Zeit, und was uns heute bloß als geistreiches Feuerwerk anmutet, in Wirklichkeit eine Explosion, die der deutschen Reformation den Weg freisprengte: das "Lob der Narrheit" [!] gehört zu den wirksamsten Pamphleten, die je geschrieben wurden. Mit Befremdung und Erbitterung kehrten damals die deutschen Pilger aus Rom zurück, wo Päpste und Kardinäle das verschwenderische und sittenlose Leben italienischer Renaissancefürsten führten, immer ungeduldiger forderten die wahrhaft religiösen Naturen eine "Reform der Kirche an Haupt und Gliedern". Aber das Rom der Prunkpäpste lehnte jeden Einspruch, auch den wohlgemeintesten, ab: auf dem Holzstoß, den Knebel im Munde, büßten alle, die zu laut, zu leidenschaftlich gesprochen; nur in derben Volksreimen oder in saftigen Anekdoten konnte sich die Erbitterung über den Mißbrauch des Reliquienhandels und den Ablaßunfug heimlich entladen, unterirdisch gingen die fliegenden Blätter mit dem Bildnis des Papstes als der großen Blutsaugerspinne von Hand zu Hand. Erasmus nagelt nun das Sündenregister der Kurie öffentlich an die Wand der Zeit: Meister der Zweideutigkeit, nützt er seinen großen Kunstgriff, alles Gefährlich-Notwendige von der Stultitia aussprechen zu lassen, zu einem entscheidenden Angriff gegen die religiösen Mißstände. Und obzwar es angeblich nur Narrenhand ist, welche die Peitsche schwingt, verstehen sofort alle die kritische Absicht von Worten wie: "Wenn die höchsten Priester, die Päpste, die Statthalter Christi, sich befleißigen würden, ihm im Leben ähnlich zu werden, wenn sie seine Armut dulden, seine Mühe tragen, sein Kreuz auf sich nehmen, seine Verachtung alles Weltlichen teilen würden, wer wäre dann auf der Welt mehr zu beklagen als sie? Wie viele Schätze würden die heiligen Väter einbüßen, wenn die Weisheit sich nur einmal ihres Geistes bemächtigte! An die Stelle jener ungeheuren Reichtümer, jener göttlichen Ehren, der Verteilung so vieler Ämter und Würden, so zahlreicher Dispense, so mannigfacher Steuern, der Genüsse und Vergnügungen würden schlaflose Nächte treten, Fasttage, Gebete und Tränen und Andachtsübungen und tausend andere Mühseligkeiten." Und mit einmal fällt die Stultitia aus der Narrenrolle und spricht eindeutig klar die Forderung der künftigen Reformation in die Welt: "Da die gesamte Lehre Christi auf nichts anderem beruht als auf Sanftmut, Geduld und Verachtung des Irdischen, so liegt doch deutlich klar vor Augen, was hier gemeint ist. Christus wollte seine Stellvertreter wahrhaft in seinem Sinne ausrüsten und forderte darum, daß sie nicht nur Schuhe und Tasche, sondern auch ihr Kleid ablegten, um vollkommen nackt und bloß ihr Apostelamt anzutreten. Sie sollten nichts bei sich führen als ein Schwert, aber nicht jenes unheilvolle, das dem Raub und dem Morde dient, sondern das Schwert des Geistes, das bis in den innersten Grund der Seele dringt und mit einem Schlage alle Leidenschaften tötet, damit fürder nur noch Frömmigkeit im Herzen throne."

Unversehens ist aus dem Scherz schneidender Ernst geworden. Unter der Schellenkappe blickt das untragbare, strenge Auge des großen Zeitkritikers hervor; die Narrheit hat ausgesprochen, was Tausenden und Hunderttausenden heimlich auf den Lippen brennt. Stärker, eindringlicher, allverständlicher als durch irgendeine andere Schrift der Zeit ist die Notwendigkeit einer rigorosen Kirchenreform dem Bewußtsein der Welt dargetan. Immer muß erst ein Bestehendes in seiner Autorität erschüttert werden, ehe ein Neues aufgebaut werden kann. In allen geistigen Revolutionen geht der Kritiker, der Aufklärer dem Schöpfer und Umbildner voran: erst aufgelockert, ist der Boden dem Saatkorn bereit.

Aber bloßes Verneinen und unfruchtbares Kritisieren entspricht auf keinem Gebiete der Geisteshaltung des Erasmus; wenn er Verfehltes aufzeigt, so geschieht es nur, um das Richtige zu fordern, niemals aber tadelt er aus hochmütig überlegener Tadelslust. Nichts lag diesem toleranten Temperament ferner als ein grober bilderstürmerischer Angriff gegen die katholische Kirche: als Humanist träumt Erasmus nicht von einer Auflehnung gegen das Kirchliche, sondern von einer "reflorescentia", einer Renaissance des Religiösen, von einer Erneuerung der christlichen Idee durch die Rückkehr zu ihrer einstigen nazarenischen Reinheit. So wie in der Renaissance soeben Kunst und Wissenschaft herrliche Verjüngung erfuhren durch das Zurückgehen auf die antiken Vorbilder, so erhofft Erasmus eine Läuterung der in Äußerlichkeiten erstickenden Kirche durch das Aufgraben ihrer ureigensten Quelle, durch die Rückführung der Lehre auf die Evangelien und damit auf Christus' eigenes Wort, "durch die Aufdeckung des unter den dogmatischen Lehren verborgenen Christus". Mit diesem immer wieder erhobenen Wunsche tritt Erasmus – Vorausgänger hier wie überall – an die Spitze der Reformation.

Aber der Humanismus ist seinem Wesen nach niemals revolutionär, und wenn Erasmus durch seine Anregungen der Kirchenreform auch die wichtigsten Wegbereiterdienste leistet, so schreckt er gemäß seiner verbindenden, seiner extrem friedfertigen Gesinnung doch scharf zurück vor einem offenen Schisma. Nie wird Erasmus in der heftigen und jeden Widerspruch wegfegenden Art Luthers, Zwinglis oder Calvins statuieren, was in der katholischen Kirche richtig sei, oder was unrichtig, welche Sakramente verstattet seien und welche ungehörig, ob das Abendmahl substantiell oder unsubstantiell zu verstehen sei; er beschränkt sich nur darauf, zu betonen, daß nicht schon die Einhaltung der äußeren Formen an sich das wahre Wesen christlicher Frömmigkeit sei – einzig im Innerlichen entscheide sich eines Menschen wahres Glaubensmaß. Nicht die Heiligenverehrung, nicht das Wallfahren und Psalmodieren, nicht die theologische Scholastik mit ihrem unfruchtbaren "Judaismus" mache den Menschen zum Christen, sondern seine seelische Bewährung, seine menschliche, seine christliche Lebenshaltung. Den Heiligen dient am besten, nicht wer ihre Gebeine sammelt und verehrt, nicht wer zu ihren Gräbern wallfahrtet und am meisten Kerzen verbrennt, sondern wer ihren frommen Wandel in seiner privaten Existenz am vollkommensten nachzuahmen sucht. Entscheidender als die genaue Einhaltung aller Riten und Gebete, als Fasten und Messelesen ist die persönliche Lebensführung im Geiste Christi: "Die Quintessenz unserer Religion ist Friede und Einmütigkeit." Hier wie überall ist Erasmus bemüht, das Lebendige, statt es in Formeln zu ersticken, ins Allmenschliche zu erheben.

Er sucht bewußt, das Christentum von dem bloß Kirchlichen abzulösen, indem er es zum universal Humanen in Bindung bringt; alles, was je bei Völkern und in Religionen ethisch vollkommen gewesen, bemüht er sich, in die Idee des Christentums als fruchtbares Element hineinzuziehen, und mitten in ein Jahrhundert der Beschränktheit und des dogmatischen Fanatismus spricht dieser große Humanist das wundervolle, welterweiternde Wort: "Wo immer du die Wahrheit antriffst, betrachte sie als christlich." Damit ist die Brücke zu allen Zeiten und Zonen geschlagen. Wer wie Erasmus freigeistig die Weisheit, Menschlichkeit und Sittlichkeit überall als Formen höchster Humanität und damit an sich schon als Christentum ansieht, wird nicht mehr wie die mönchischen Zeloten die Philosophen des Altertums in die Hölle verbannen ("heiliger Sokrates" ruft einmal Erasmus begeistert aus), sondern alles Edle und Große der Vergangenheit in das Religiöse überführen, "so wie die Juden beim Auszug aus Ägypten ihre Gold- und Silbergeräte mitnahmen, um damit den Tempel zu schmücken". Nichts, was jemals eine bedeutende Leistung menschlicher Moral oder sittlichen Geistes gewesen, soll nach der erasmischen Religionsauffassung vom Christentum durch eine starre Schranke abgetrennt werden, denn im Menschlichen gibt es keine christlichen und heidnischen Wahrheiten, sondern in allen ihren Formen ist die Wahrheit göttlich. Darum spricht Erasmus auch niemals von einer Theologie Christi, einer Glaubenslehre, sondern von der "Philosophie Christi", also einer Lebenshaltungslehre: Christentum ist für ihn nur das andere Wort für hohe und humane Sittlichkeit.

Diese Grundideen des Erasmus wirken, verglichen der architektonischen Kraft der katholischen Exegese und dem brennenden Liebesdrang der Mystiker, vielleicht ein wenig flach und allgemein, aber sie sind human; hier wie auf jedem Wissensgebiet dringt die Wirkung des Erasmus nicht so sehr der Tiefe entgegen, sondern ins Weite. Sein "Enchiridion militis christiani" ("Handbuch des christlichen Streiters"), als Gelegenheitsschrift auf den Wunsch einer frommen adeligen Dame für ihren Gatten zur Mahnung verfaßt, wird ein volkstheologisches Handbuch, und die Reformation findet mit ihren kämpferisch radikalen Forderungen dadurch schon ein vorgepflügtes Feld. Aber nicht diesen Kampf zu eröffnen, sondern den schon drohenden durch ausgleichende Vorschläge in letzter Stunde noch zu beschwichtigen, ist die Sendung dieses einsamen Rufers in der Wüste, der in einer Zeit, da auf den Konzilen der Zwist um winzige dogmatische Einzelheiten erbittert geht, von einer letzten Synthese aller ehrlichen Formen geistiger Gläubigkeit träumt, von einem rinascimento des Christentums, das alle Welt für immer vom Streit und Widerstreit erlösen soll und damit den Gottesglauben wahrhaft zur Menschheitsreligion erheben.

Es gehört zur Vielseitigkeit des Erasmus, daß er einen und denselben Gedanken mehrfach auszudrücken verstand. Im "Lob der Torheit" hat der unbestechliche Zeitkritiker die Mißbräuche innerhalb der katholischen Kirche dargetan, im "Handbuch des christlichen Streiters" ein allverständliches Ideal einer verinnerlichten und vermenschlichten Religiosität vorausgeträumt; gleichzeitig aber setzt er seine Theorie von der notwendigen "Aufgrabung der Quellen des Christentums" in Tat um, indem er als Textkritiker, Philolog und Exeget die Evangelien aus dem Griechischen ins Lateinische neu übersetzt, eine wegbereitende Tat für Luthers deutsche Bibelübersetzung und von fast gleicher Bedeutsamkeit für die Zeit.

Zurück zu den Quellen des wahren Glaubens, sie dort aufzusuchen, wo sie noch göttlich rein und mit keinem Dogma vermengt strömen – dies war des Erasmus Forderung an die neue humanistische Theologie gewesen, und mit dem tiefsten Instinkt für das Bedürfnis der Zeit weist er fünfzehn Jahre vor Luther auf diese Arbeit als auf die entscheidende hin. 1504 schreibt er: "Ich vermag nicht zu sagen, wie ich mit vollen Segeln auf die Heiligen Schriften hinstrebe und wie mir alles zum Ekel ist, was mich von ihnen abhält oder auch nur aufhält." Das Leben Christi, wie es in den Evangelien erzählt wird, soll nicht länger Privileg der Mönche und Priester, der Lateinmenschen bleiben, das ganze Volk soll und muß daran Anteil haben, "der Bauer soll sie lesen beim Pfluge, der Weber am Webstuhl", die Frau diesen Kern alles Christentums ihren Kindern übermitteln können. Aber ehe Erasmus wagt, diesen großen Gedanken einer Übertragung in die Nationalsprachen zu fördern, wird der Gelehrte gewahr, daß auch die Vulgata, diese einzige von der Kirche geduldete und approbierte lateinische Bibelübersetzung, nachträglich vielfache Verdunkelungen erfahren hat und in philologischem Sinne anfechtbar ist. An der Wahrheit aber soll kein irdischer Makel haften; so unternimmt er das ungeheure Fleißwerk, die Bibel noch einmal ins Lateinische zu übersetzen und seine Abweichungen und freieren Auffassungen mit einem ausführlichen Kommentar kritisch zu begleiten. Diese neue Bibelübersetzung, die gleichzeitig lateinisch und griechisch 1516 bei Froben in Basel erscheint, bedeutet abermals einen revolutionären Schritt: auch in die letzte Fakultät, die Theologie, ist damit die freigeistige Forschung siegreich vorgedrungen. Aber typisch für Erasmus: auch dort, wo er revolutioniert, wahrt er so geschickt die äußeren Formen, daß der wuchtigste Stoß nicht zum Anstoß wird. Um im voraus jedem Angriff der Theologen die Spitze abzubrechen, widmet er diese erste freie Bibelübertragung dem Herrn der Kirche, dem Papst, und dieser, Leo X., selbst humanistisch gesinnt, antwortet freundlich in einem Breve: "Wir haben uns gefreut", ja er lobt sogar noch den Eifer, den Erasmus an das heilige Werk gewendet. Immer hat Erasmus individuell, dank seiner konzilianten Natur, den Konflikt zwischen kirchlicher und freier Forschung zu überwinden gewußt, der bei allen andern immer zu furchtbarster Feindschaft führte: sein Genius der Vermittlung und seine Kunst des milden Ausgleichens triumphierten siegreich auch in dieser gespanntesten Sphäre.

Mit diesen drei Büchern hat Erasmus seine Zeit gewonnen. Er hat zum entscheidenden Problem seiner Generation das aufklärende Wort gesprochen, und die ruhige, allverständliche, die humane Art, mit der er die brennendsten Probleme seiner Zeit zur Darstellung bringt, schafft ihm unermeßliche Sympathien. Immer fühlt die Menschheit tiefe Dankbarkeit für jene, die einen Fortschritt kraft der Vernunft für möglich halten, und man versteht die Beglückung des neuen Jahrhunderts, nach all den aufgeregten Mönchen, den zänkischen Fanatikern, den heillosen Spöttern und den unverständlichen Scholastikprofessoren endlich einen Mann in Europa zu wissen, der geistige und geistliche Dinge einzig vom Menschlichen bewertet, eine weltfreundliche Seele, die trotz allen Mißständen an diese Welt glaubt und sie zur Klarheit führen will. So geschieht, was immer geschieht, wenn ein einzelner Mann entschlossen an das entscheidende Problem seiner Zeit heranschreitet: es sammelt sich um ihn eine Gemeinde und vermehrt mit ihrer stillen Erwartung seine schöpferische Macht. Alle Kraft, alle Hoffnung, alle Ungeduld auf eine Versittlichung und Erhebung des Menschentums durch die neuerstandenen Wissenschaften hat endlich ihren Brennpunkt in diesem Manne gefunden: er oder keiner, meinen sie, könne die ungeheure Spannung lösen, welche die Zeit erfüllt. Aus bloßem literarischem Ruhm wird der Name des Erasmus Anfang des sechzehnten Jahrhunderts eine unvergleichliche Gewalt: er könnte, wäre er kühnen Sinnes, sie diktatorisch nützen zu welthistorischer, reformierender Tat. Aber die Tat ist nicht seine Welt. Erasmus kann nur klären und nicht formen, nur vorbereiten und nicht erfüllen. Nicht seinen Namen wird die Reformation auf der Stirne tragen, ein anderer wird ernten, was er gesät.

Größe und Grenzen des Humanismus

In der Zeit zwischen seinem vierzigsten und fünfzigsten Jahr erreicht Erasmus von Rotterdam den Zenit seines Ruhms: seit Hunderten Jahren hat Europa keinen Größeren gekannt. Kein Name eines Zeitgenossen, nicht jener Dürers, Raffaels, Lionardos, Paracelsus' oder Michelangelos wird in jenen Tagen im geistigen Kosmos mit gleicher Ehrfurcht genannt, keines Schriftstellers Werke sind in so zahllosen Ausgaben verbreitet, kein moralisches oder künstlerisches Ansehen kann sich dem seinen vergleichen. Erasmus: das bedeutet für das beginnende sechzehnte Jahrhundert den Inbegriff des Weisen schlechthin, "optimum et maximum", das denkbar Beste und denkbar Höchste, wie Melanchthon in seinem lateinischen Lobgesang rühmt, die unwiderlegliche Autorität in wissenschaftlichen, in dichterischen, in weltlichen und geistigen Dingen. Man preist ihn bald als "doctor universalis", bald als "Fürsten der Wissenschaft", als den "Vater der Studien" und "den Beschützer der ehrlichen Theologie", man nennt ihn "das Licht der Welt" oder "die Pythia des Abendlandes", "vir incomparabilis et doctorum phoenix". Kein Lob ist für ihn zu groß. "Erasmus", schreibt Mutian, "erhebt sich über Menschenmaß. Er ist göttlich und in frommer Andacht zu verehren wie ein himmlisches Wesen", und Camerarius, ein anderer Humanist, berichtet: "Jeder bewundert, verherrlicht, preist ihn, der nicht als Fremdling im Reich der Musen gelten will. Kann einer einen Brief von ihm entlocken, so ist sein Ruhm ungeheuer und er feiert den herrlichsten Triumph. Wer ihn aber sprechen durfte, der ist selig auf Erden."

In der Tat: ein Wettlauf hat begonnen um die Gunst des vor kurzem noch unbekannten Gelehrten, der bislang mühsam mit Dedikationen, Stundengeben und Bettelbriefen sein Leben fristete, der mit erniedrigenden Schmeicheleien sich von den Mächtigen magere Pfründen herauskalfakterte – jetzt werben die Mächtigen um ihn, und allemal ist es ein Schauspiel, glorreich zu sehen, wenn irdische Gewalt und Geld dem Geiste zu dienen genötigt sind. Kaiser und Könige, Fürsten und Herzöge, Minister und Gelehrte, Päpste und Prälaten wetteifern in Untertänigkeit um des

Erasmus Gunst: Kaiser Karl, der Herr beider Welten, bietet ihm eine Stelle in seinem Rat, Heinrich VIII. will ihn nach England, Ferdinand von Österreich nach Wien, Franz I. nach Paris ziehen, aus Holland, Brabant, Ungarn, Polen und Portugal kommen die lockendsten Anträge, fünf Universitäten streiten um die Ehre, ihm einen Lehrstuhl zu verleihen, drei Päpste schreiben ihm ehrfürchtige Briefe. In seiner Stube häufen sich die freiwilligen Tribute reicher Verehrer, goldene Becher und silbernes Geschirr, Fuhren Weins werden gesendet und wertvolle Bücher, alles lockt, alles ruft ihn an, um mit seinem Ruhm den eigenen zu mehren. Erasmus aber, klug und skeptisch zugleich, nimmt all diese Gaben und Ehren höflich entgegen. Er läßt sich beschenken, er läßt sich loben und rühmen, gerne sogar und mit unverhohlenem Wohlbehagen, aber er verkauft sich nicht. Er läßt sich dienen, aber er übernimmt niemandes Dienst, unerschütterlicher Vorkämpfer jener innern Freiheit und Unbestechlichkeit des Künstlers, die er als notwendige Vorbedingung jeder moralischen Wirkung erkannt hat. Er weiß, daß er für sich allein am stärksten bleibt, und welche überflüssige Torheit wäre es auch, wollte er seinem Ruhm von Hof zu Hof nachwandern, statt ihn wie einen Stern leuchtend und ruhig über sein eigenes Haus zu stellen. Erasmus braucht längst niemandem mehr nachzureisen, denn alles reist zu ihm, Basel wird durch seine Anwesenheit eine Residenz, ein geistiger Mittelpunkt der Welt. Kein Fürst, kein Gelehrter, kein Mann, der auf Ansehen hält, versäumt es, auf der Durchreise dem großen Weisen seine Reverenz zu erweisen, denn Erasmus gesprochen zu haben, gilt allgemach schon als eine Art kulturellen Ritterschlags und ein Besuch bei ihm (so wie im achtzehnten Jahrhundert bei Voltaire, im neunzehnten bei Goethe) als die sinnfälligste Ehrfurchtsbezeigung vor dem symbolischen Träger der unsichtbaren geistigen Macht. Um ein Signum von seiner Hand in ihr Stammbuch zu erhalten, pilgern hohe Adelige und Gelehrte viele Tage weit; ein Kardinal, Neffe des Papstes, der dreimal vergeblich Erasmus zu Tisch gebeten, fühlt sich, als dieser seine Einladung ablehnt, nicht entwürdigt, ihn seinerseits in der schmutzigen Druckstube Frobens aufzusuchen. Jeder Brief, den Erasmus schreibt, wird vom Empfänger in Brokat eingeschlagen und vor ehrfürchtigen Freunden wie eine Reliquie enthüllt, eine Empfehlung gar des Meisters öffnet als Sesam alle Türen, – nie hat ein einzelner Mensch, nicht Goethe und kaum Voltaire, eine solche weltgebietende Macht in Europa bloß kraft seines geistigen Daseins besessen. Von unserer Zeit her gesehen ist diese überragende Stellung des Erasmus zunächst weder aus seinem Werk noch aus seinem Wesen vollkommen verständlich; wir erblicken in ihm heute einen klugen, humanen, einen vielseitigen und vielförmigen, einen anregenden und anziehenden, aber keinen hinreißenden und weltumformenden Geist. Aber Erasmus war für sein Jahrhundert mehr als eine literarische Erscheinung, er wurde und war der symbolische Ausdruck seiner geheimsten geistigen Sehnsucht. Jede Epoche, die sich erneuern will, projiziert ihr Ideal zunächst in eine Gestalt, immer wählt sich der Zeitgeist, um sein eigenes Wesen selber sinnfällig zu begreifen, einen Menschen als Typus, und indem er dieses einzelne und oft zufällige Individuum weit über sein Maß erhebt, enthusiasmiert er sich gewissermaßen für den eigenen Enthusiasmus. Neue Gefühle und Gedanken sind immer nur einem auserlesenen Kreise verständlich, die breite Masse vermag sie in abstrakter Form niemals zu erfassen, sondern ausschließlich sinnlich und anthropomorph; darum setzt sie gerne an die Stelle der Idee einen Menschen, ein Bild, ein Vor-Bild, dem sie sich gläubig nachzubilden sucht. Dieser Zeitwunsch prägt sich für eine kurze Spanne in Erasmus vollkommen aus, denn der "uomo universale", der Nichteinseitige, der Vielwissende, frei in die Zukunft Blickende ist der Idealtypus des neuen Geschlechts geworden. Im Humanismus feiert die Zeit ihren eigenen Denkmut und ihre neue Hoffnung. Zum erstenmal wird geistige Gewalt der bloß ererbten und überlieferten vorangestellt, und wie stark, wie schnell diese Umwertung sich durchsetzt, beweist die Tatsache, daß die alten Machtträger sich selbst freiwillig den neuen unterordnen. Es ist nur Symbol, wenn Karl V. zum Schrecken seiner Höflinge sich bückt, um dem Hirtensohn Tizian einen herabgefallenen Pinsel aufzuheben, wenn der Papst, gehorsam Michelangelos grobem Befehl, die Sixtina verläßt, um den Meister nicht zu stören, wenn die Prinzen und Bischöfe statt Waffen plötzlich Bücher und Bilder und Handschriften sammeln; unbewußt kapitulieren sie damit vor der Erkenntnis, daß die Macht des schöpferischen Geistes im Abendlande die Herrschaft angetreten hat und daß die künstlerischen Schöpfungen die kriegerischen und politischen Zeitbauten zu überdauern bestimmt sind. Zum erstenmal sieht Europa seinen Sinn und seine Sendung in der Vorherrschaft des Geistes, im Aufbau einer einheitlichen abendländischen Zivilisation, in einer vorbildlich schaffenden Weltkultur.

Für diese neue Gesinnung wählt sich die Zeit Erasmus zum Bannerträger. Als den "antibarbarus", den Bekämpfer aller Rückständigkeit, alles Traditionalismus, als den Verkünder einer erhobeneren, freieren und humaneren Menschlichkeit, als den Wegweiser eines kommenden Weltbürgertums stellt sie ihn allen anderen voran. Wir von heute allerdings empfinden das Verwegen-Suchende, das Großartig-Ringende, das Faustische jenes Jahrhunderts in einem andern tieferen Typus des "uomo universale" unendlich großartiger ausgeprägt, in Lionardo und Paracelsus. Aber gerade, was im letzten der Größe des Erasmus Abbruch tut, seine klare (oft allzu durchsichtige) Verständlichkeit, sein Sichbegnügen mit dem Erkennbaren, sein verbindlich urbanes Wesen, machte damals sein Glück. Und instinktiv wählte die Zeit richtig: jede Welterneuerung, jede völlige Umpflügung versucht es zunächst mit den gemäßigten Reformatoren statt mit den rabiaten Revolutionären, und in Erasmus sieht die Zeit das Symbol der still, aber unaufhaltsam wirkenden Vernunft. Einen wunderbaren Augenblick lang ist Europa einig in dem humanistischen Wunschtraum einer einheitlichen Zivilisation, die mit einer Weltsprache, einer Weltreligion, einer Weltkultur der uralten, verhängnisvollen Zwietracht ein Ende machen sollte, und dieser unvergeßliche Versuch bleibt denkwürdig gebunden an die Gestalt und den Namen des Erasmus von Rotterdam. Denn seine Ideen, Wünsche und Träume haben für eine Weltstunde Europa beherrscht, und es ist sein und zugleich unser Verhängnis, daß dieser reingeistige Wille zur endgültigen Einigung und Befriedung des Abendlands nur ein rasch vergessenes Zwischenspiel blieb in der mit Blut geschriebenen Tragödie unseres allgemeinsamen Vaterlands.

Dieses Imperium des Erasmus, das zum erstenmal – denkwürdige Stunde! – alle Länder, Völker und Sprachen Europas umfaßte, war eine milde Herrschaft. Weil gewaltlos errungen, einzig durch die werbende und überzeugende Kraft geistiger Leistung, verabscheut der Humanismus jede Gewalt. Weil einzig per acclamationem erwählt, übt Erasmus keinerlei rechthaberische Diktatur. Freiwilligkeit und innere Freiheit sind die

Staatsgrundgesetze seines unsichtbaren Reiches. Nicht mit Unduldsamkeit, wie vordem die Fürsten und die Religionen, will die erasmische Geisteshaltung die Menschen ihrem humanistischen und humanitären Ideal untertänig machen, sondern wie ein offenes Licht das im Dunkel sich herumtreibende Getier in seine reine Sphäre lockt, sanft überzeugend die noch Unwissenden und Abseitigen in ihre Klarheit ziehen. Der Humanismus ist nicht imperialistisch gesinnt, er kennt keine Feinde und will keine Knechte. Wer dem erlesenen Kreise nicht angehören will, möge außen bleiben, man zwingt ihn nicht, man nötigt ihn nicht gewaltsam in dieses neue Ideal; jede Unduldsamkeit – die ja immer einem innern Unverstehen entstammt – ist dieser Lehre der Weltverständigung fremd. Aber anderseits wird niemandem der Zutritt in diese neue geistige Gilde versagt. Humanist kann jeder werden, der nach Bildung und Kultur Verlangen trägt; jeder Mensch jeden Standes, Mann oder Frau, Ritter oder Priester, König oder Kaufmann, Laie oder Mönch hat Zutritt zu dieser freien Gemeinschaft, an keinen wird die Frage nach Herkunft aus Rasse und Klasse, nach Zugehörigkeit zu Sprache oder Nation gestellt. Damit erscheint ein neuer Begriff im europäischen Gedanken: der übernationale. Die Sprachen, die bisher die undurchdringliche Scheidewand zwischen den Menschen waren, sollen nicht länger die Völker trennen: eine Brücke wird geschlagen zwischen ihnen allen durch die Gemeinschaftssprache des allgültigen humanistischen Lateins, und ebenso soll das Vaterlandsideal als ein unzulängliches, weil zu enges Ideal, überwunden werden durch das europäische, das übernationale Ideal. "Die ganze Welt ist ein gemeinsames Vaterland", proklamiert Erasmus in seiner "Querela pacis", und von dieser überragenden Stufe europäischer Schau scheint ihm die mörderische Zwietracht der Nationen, jede Gehässigkeit zwischen Engländern, Deutschen und Franzosen ein Widersinn: "Warumb zertrennen uns alle diese närrischen Namen mehr, denn uns der Name Christi vereint?" Alle diese Zwistigkeiten innerhalb Europas sind für den humanistisch gesinnten Menschen nichts anderes als Mißverständnisse, verschuldet durch ein zu geringes Verstehen, durch eine zu geringe Bildung, und die Aufgabe des kommenden Europäers soll es werden, statt auf die eitlen Ansprüche der Duodezfürsten, der Sektenfanatiker, der Nationalegoisten sich gefühlsmäßig einzulassen, immer das Bindende und Verbindende zu betonen, das Europäische über dem Nationalen, das Allmenschliche über dem Vaterländischen, und den Begriff der Christenheit als einer bloßen Religionsgemeinschaft zu verwandeln in den einer universalen Christlichkeit, einer hingegeben dienenden und demütigen Menschheitsliebe. Die erasmische Idee zielt also höher als auf eine bloße kosmopolitische Gemeinschaft, in ihr wirkt bereits ein entschlossener Wille zu einer neuen geistigen Einheitsform des Abendlands.

Zwar hatten vordem schon einzelne Menschen eine Vereinheitlichung Europas versucht, die römischen Cäsaren, Karl der Große, und später wird es Napoleon tun, aber mit Feuer und Eisen hatten diese Autokraten getrachtet, die Völker und Staaten zusammenzuschließen, mit dem Hammer der Gewalt hatte die Faust des Eroberers die schwächeren Reiche zertrümmert, um sie den stärkeren zu verketten. Bei Erasmus aber – entscheidender Unterschied! – erscheint Europa als eine moralische Idee, als eine vollkommen unegoistische und geistige Forderung; mit ihm beginnt jenes noch heute nicht erfüllte Postulat der vereinigten Staaten Europas im Zeichen einer gemeinsamen Kultur und Zivilisation.

Die selbstverständliche Vorbedingung für Erasmus, den Vorkämpfer dieser und aller Verständigungsideen, ist die Ausschaltung jeder Gewalt und insbesondere die Abschaffung des Krieges, dieses "Schiffbruchs aller guten Ding". Erasmus ist als der erste literarische Theoretiker des Pazifismus zu betrachten; nicht weniger als fünf Schriften hat er in einer Zeit fortwährender Kriege gegen den Krieg geschrieben; 1504 die Aufforderung an Philipp den Schönen, 1514 jene an den Bischof von Cambrai, "sie möchten sich als christliche Fürsten, um Christi willen des Friedens annehmen", 1515 in den "Adagia" den berühmten Aufsatz mit dem ewig wahren Titel: "Dulce bellum inexpertis" ("nur denen, die ihn nicht erfahren haben, scheint der Krieg schön"). 1516 spricht er in seiner "Unterweisung eines frommen und christlichen Fürsten" den jungen Kaiser Karl V. mahnend an, und schließlich erscheint 1517 die in allen Sprachen verbreitete und bei allen Völkern doch ungehörte "Querela pacis", die "Klage des Friedens, der bei allen Nationen und Völkern Europas verworfen, vertrieben und erlegt worden ist".

Aber schon damals, fast ein halbes Jahrtausend vor unserer Zeit, weiß Erasmus, wie wenig ein beredter Friedensfreund auf Dank und Zustimmung zu rechnen hat, "es ist dahin kommen, daß es als thierlich, nerrisch und unchristlich gilt, daß man den Mundt wider den Krieg öffnet", was ihn aber nicht hindert, mit immer wiederholter Entschlossenheit im Zeitalter des Faustrechtes und der gröbsten Gewalttätigkeiten seine Angriffe gegen die Streitsucht der Fürsten zu eröffnen. Nach seiner Meinung ist Cicero im Recht, wenn er sagt, daß "ein ungerechter Friede noch besser sei als der gerechteste Krieg", und ein ganzes Arsenal von Argumenten, aus dem noch heute reichlich geschöpft werden könnte, hält der einsame Streiter dem Krieg entgegen. "Wenn die Tiere einander anfallen", klagt er, "so verstehe ichs und verzeihe es ihrer Unwissenheit", aber die Menschen müßten erkennen, daß der Krieg an sich schon notwendigerweise Ungerechtigkeit bedeute, denn er trifft gewöhnlich nicht diejenigen, die ihn anfachen und führen, sondern fast immer falle seine ganze Last auf die Unschuldigen, auf das arme Volk, das weder von Siegen noch von Niederlagen zu gewinnen habe. "Der meist Teil erreicht die, die der Krieg gar nichts angeht, und selbst wenn es im Kriege auf das allerbeste glückt, so ist doch die Glückseligkeit eines Teils der andern Schad und Verderben." Die Idee des Krieges sei also niemals mit der Idee der Gerechtigkeit zu verbinden, und dann – so fragt er abermals –, wie könne überhaupt ein Krieg gerecht sein? Für Erasmus gibt es weder im theologischen noch im philosophischen Bezirk eine absolute und alleingültige Wahrheit. Wahrheit ist für ihn immer vieldeutig und vielfarbig und ebenso das Recht, deshalb solle "an keinem Ort der Fürst bedächtiger sein, als sich zum Kriege zu bewegen, und nicht unbedingt auf sein Recht pochen, denn wer sieht nicht sein Sach als die gerecht an?" Alles Recht habe zwei Seiten, alle Dinge seien "gefärbt, angestrichen und durch Parteien verderbt", und selbst wenn einer sich im Rechte dünkte, so sei das Recht nicht durch Gewalt entschieden und auch niemals durch Gewalt beendet, denn "ein Krieg wachse aus dem andern, aus einem zween".

Für geistige Menschen bedeutet also Entscheidung durch Waffen niemals moralische Lösung eines Konflikts; ausdrücklich erklärt Erasmus, daß im Kriegsfall die Geistigen, die Gelehrten aller Nationen ihre Freundschaft nicht aufzukündigen hätten. Ihre Einstellung darf niemals sein, die Gegensätze der Meinungen, der Völker, der Rassen und Klassen durch eifernde Parteilichkeit zu verstärken, unerschütterlich haben sie in der reinen Sphäre der Menschlichkeit und Gerechtigkeit zu verharren. Ihre ewige Aufgabe bleibt, der "ungütigen, unchristlichen und thierisch wilden Unsinnigkeit des Krieges" die Idee der Weltgemeinsamkeit und Weltchristlichkeit entgegenzusetzen. Nichts wirft Erasmus der Kirche, als der höchsten moralischen Stätte, darum heftiger vor, als daß sie die große augustinische Idee des "christlichen Weltfriedens" um irdischer Machterhöhung willen preisgegeben habe. "Es schämen sich die Theologen und die Meister des christlichen Lebens nicht, Hauptanfacher, Entzünder und Beweger der Sache gewesen zu sein, die der Herr Christus so groß und sehr gehaßt hat", ruft er zornig aus und: "Wie kommt der Bischofsstab und das Schwert zusammen, der Bischofshut und der Helm, das Evangelium und der Schild? Wie geht es an, Christus zu predigen und den Krieg, mit einer einzigen Trompet Gott und den Teufel?" Der "kriegerische Geistliche" sei also nichts als Widersinn gegen Gottes Wort, denn er verleugne die höchste Botschaft, die ihm sein Herr und Lehrer zugesprochen, als er sagte: "Friede sei mit euch!"

Immer wird Erasmus leidenschaftlich, wenn er gegen Krieg, Haß und einseitige Borniertheit die Stimme erhebt, aber diese Leidenschaftlichkeit seiner Entrüstung verwirrt niemals die Klarheit seiner Weltbetrachtung. Zugleich Idealist vom Herzen her und Skeptiker vom Verstände, war sich Erasmus aller Widerstände bewußt, die sich im realen Räume der Verwirklichung jenes "christlichen Weltfriedens", jener Alleinherrschaft der humanen Vernunft entgegenstellten. Der Mann, der in seinem "Lob der Torheit" alle Spielarten des menschlichen Wahns und Widersinns in ihrer Unbelehrbarkeit beschrieben, gehörte nicht zu jenen idealistischen Träumern, die meinen, man könne mit geschriebenem Wort, mit Büchern, Predigten und Traktaten den immanenten Gewalttrieb der menschlichen Natur abtöten oder auch nur betäuben; er täuschte sich keineswegs über die Tatsache hinweg, daß diese Kraftlust und Kampffreude seit kannibalischen Tagen, seit Jahrhunderten und Jahrtausenden der Menschheit im Blute gärt, dumpfe Erinnerung an den Urhaß des einstigen Menschentiers gegen das andere Menschentier, und daß noch Jahrhunderte und vielleicht Jahrtausende sittlicher Erziehung und kultureller Emporgestaltung nötig sein werden zu einer völligen Entbestialisierung und Humanisierung des Menschengeschlechts. Er wußte, daß elementare Triebe sich nicht wegschwätzen lassen mit milden und moralischen Worten und nahm das Barbarische in dieser Welt als ein Gegebenes und zunächst Unüberwindliches hin. Sein eigentlicher Kampf ging darum in anderer Sphäre, er konnte als Geistmensch sich immer nur an den Geistigen wenden, nicht an die Geführten und Verführten, sondern an die Führer, an die Fürsten, die Priester, die Gelehrten, die Künstler, an jene, die er verantwortlich wußte und machte für jeden Unfrieden in der europäischen Welt. Als weitsichtiger Denker hatte er längst erkannt, daß der Gewalttrieb an sich noch nicht weltgefährlich ist. Die Gewalt allein hat einen knappen Atem; sie schlägt blind und tollwütig zu, aber ziellos in ihrem Willen, kurz in ihrem Denken, sackt sie nach solchen jähen Ausbrüchen ohnmächtig in sich zusammen. Selbst wo sie ansteckend wirkt und psychotisch ganze Gruppen erregt, werden es nur zuchtlose Rotten, die sich verlaufen, sobald die erste Hitze gekühlt ist. Nie sind im Laufe der Geschichte Aufstände und Ausbrüche ohne geistige Führung einer wirklichen Ordnung gefährlich geworden – erst wenn der Gewalttrieb einer Idee dient oder die Idee sich seiner bedient, entstehen die wahrhaften Tumulte, die blutigen und zerstörenden Revolutionen, denn erst durch eine Parole wird eine Rotte zur Partei, erst durch Organisation zur Armee, erst durch ein Dogma zur Bewegung.

Alle großen gewalttätigen Konflikte innerhalb der Menschheit sind weniger verschuldet durch den blutgebundenen Gewaltwillen der Menschheit als durch eine Ideologie, die diesen Gewaltwillen entfesselt und gegen einen vorbestimmten anderen Teil der Menschheit treibt. Erst der Fanatismus, dieser Bastard aus Geist und Gewalt, der die Diktatur eines, und zwar seines Gedankens, als der einzig erlaubten Glaubens- und Lebensform dem ganzen Universum aufzwingen will, zerspaltet die menschliche Gemeinschaft in Feinde oder Freunde, Anhänger oder Gegner, Helden oder Verbrecher, Gläubige oder Ketzer; weil er nur sein System anerkennt und nur seine Wahrheit wahrhaben will, muß er zur Gewalt greifen, um jede andere innerhalb der gottgewollten Vielfalt der Erscheinungen zu unterdrücken. Alle gewaltsamen Einschränkungen der Geistesfreiheit, der Meinungsfreiheit, Inquisition und Zensur, Scheiterhaufen und Schafott hat nicht die blinde Gewalt in die Welt gesetzt, sondern der starrblickende Fanatismus, dieser Genius der Einseitigkeit und Erbfeind der Universalität, dieser Gefangene einer einzigen Idee, der in dies sein Gefängnis immer die ganze Welt zu zerren und sperren versucht.

Darum kann für den Humanisten Erasmus, der immer auf das Allgemeinsame der Menschheit als auf ihren höchsten und heiligsten Besitz hinweist, der Geistige keine schwerere Schuld auf sich laden, als wenn er dem ewig bereiten Willen der Massen zur Gewalttätigkeit mit einer einseitigen Ideologie den entscheidenden Vorwand gibt, denn er erregt damit Urkräfte, die seinen ursprünglichen Gedanken wild überrennen und seine reinsten Absichten zerstören. Ein einzelner kann die Masse in Leidenschaft jagen, aber fast nie ist es ihm auch gegeben, diese entfesselte Leidenschaft zurückzureißen. Wer sein Wort in eine geduckte Flamme haucht, muß sich bewußt sein, daß eine Lohe zerstörerisch auffährt, wer Fanatismus erregt, indem er ein einzelnes System des Daseins, des Denkens und Glaubens zum alleingültigen erklärt, muß die Verantwortlichkeit erkennen, daß er damit zur Weltentzweiung, zum geistigen oder wirklichen Krieg gegen jede andere Denk- und Lebensform aufruft. Jede Tyrannei eines Gedankens ist Kriegserklärung gegen die geistige Freiheit der Menschheit, und wer, wie Erasmus, für alle Ideen eine höchste Synthese sucht, eine allmenschliche Harmonie, muß darum jede Form der Denkeinseitigkeit, des blindesten Nicht-verstehen-Wollens als Angriff gegen seinen Verständigungsgedanken betrachten.

Der humanistisch erzogene, der human gesinnte Mensch im erasmischen Sinne darf deshalb keiner Ideologie sich verschwören, weil alle Ideen ihrem Wesen nach zur Hegemonie streben, er hat an keine Partei sich zu binden, weil es Pflicht jedes Parteimenschen ist, parteiisch zu sehen, zu fühlen, zu denken. Er hat sich die Freiheit des Denkens und Handelns bei jedem Anlasse zu wahren, denn ohne Freiheit ist Gerechtigkeit unmöglich, sie, die einzige Idee, welche der ganzen Menschheit als höchstes Ideal gemeinsam sein soll. Erasmisch denken heißt darum unabhängig denken, erasmisch wirken im Sinne der Verständigung wirken. Der Erasmische, der Menschheitsgläubige hat nicht das Trennende innerhalb seines Lebenskreises zu fördern, sondern das Bindende, er hat nicht die Einseitigen in ihrer Einseitigkeit, die Feindlichen in ihrer Feindseligkeit zu bestärken, sondern Verstehen zu verbreiten und Verständigungen anzubahnen, und je fanatischer die Zeit wird in ihrer Parteilichkeit, um so entschlossener hat er in seiner Überparteilichkeit zu verharren, die auf das menschlich Gemeinsame in all diesen Irrungen und Verwirrungen blickt, unbestechlicher Anwalt der geistigen Freiheit und Gerechtigkeit auf Erden. Jeder Idee billigt darum Erasmus ihr Recht zu und keiner den Anspruch auf Rechthaberei; er, der die Torheit selbst zu verstehen und zu rühmen versuchte, steht keiner Theorie und These von Anfang feindlich entgegen und jeder im Augenblick, da sie die anderen vergewaltigen will. Der Humanist als der Vielwissende liebt die Welt gerade um ihrer Vielfalt willen und ihre Gegensätze erschrecken ihn nicht. Nichts liegt ihm ferner, als ihre Gegensätze aufheben zu wollen nach Art des Fanatikers und Systematikers, der alle Werte auf einen Nenner und alle Blumen auf eine Form und Farbe zu bringen sucht; eben dies ist ja das Signum humanistischen Geistes, Gegensätze nicht als Feindschaft zu werten und für alles scheinbar Unvereinbare die übergeordnete Einheit, die menschliche, zu suchen. Da Erasmus in sich selbst die sonst schroff feindlichen Elemente zu versöhnen wußte, Christentum und Antike, Freigläubigkeit und Theologie, Renaissance und Reformation, mußte es ihm glaubhaft scheinen, auch die ganze Menschheit werde einmal die Vielfalt ihrer Erscheinungen in ein beglückendes Zusammenspiel, ihre Widersprüche in eine höhere Harmonie verwandeln. Diese letzte Weltverständigung, die europäische, die geistige, sie bildet eigentlich das einzige religiöse Glaubenselement des sonst eher kühlen und rationalistischen Humanismus, und mit derselben Inbrunst wie die andern dieses dunklen Jahrhunderts ihren Gottesglauben, verkündet er die Botschaft seines Menschheitsglaubens: daß es Sinn, Ziel und Zukunft der Welt sei, statt ihren Einseitigkeiten ihren Gemeinsamkeiten zu leben und dadurch immer humaner, immer menschlicher zu werden.

Für diese Erziehung zur Humanität weiß der Humanismus nur einen Weg: den Weg der Bildung. Erasmus und die Erasmiker meinen, das

Menschliche im Menschen könne nur gesteigert werden vermittels der Bildung und des Buches, denn nur der Ungebildete, nur der Unbelehrte gebe sich unbedenklich seinen Leidenschaften hin. Der gebildete Mensch, der zivilisierte Mensch – hier liegt der tragische Fehlschluß ihres Denkens – sei grober Gewalt nicht mehr fähig, und wenn die Gebildeten, die Kultivierten und Zivilisierten die Oberhand gewännen, so müßte das Chaotische und Bestialische von selbst abklingen, Kriege und geistige Verfolgungen zum abgelebten Anachronismus werden. In ihrer Überschätzung des Zivilisatorischen mißverstehen die Humanisten die Urkräfte der Triebwelt mit ihrer unzähmbaren Gewalt und banalisieren durch ihren Kulturoptimismus das furchtbare und kaum lösbare Problem des Massenhasses und der großen leidenschaftlichen Psychosen der Menschheit. Ihre Rechnung ist etwas zu einfach: für sie gibt es zwei Schichten, eine untere und eine obere, unten die unzivilisierte, rohe, leidenschaftliche Masse, oben den klaren Bezirk der Gebildeten, der Verstehenden, der Humanen, der Zivilisierten, und die Hauptarbeit scheint ihnen getan, wenn es gelingt, immer größere Teile der unteren Schichten, der unkultivierten, in die obere der Kultur zu ziehen. So wie in Europa immer mehr Ödland urbar gemacht wurde, in dem sich vordem wild und gefährlich die reißenden Tiere Umtrieben, so müsse es auch im Menschlichen gelingen, allmählich den Unverstand und die Roheit in unseren europäischen Bezirken auszuroden und eine freie, klare und fruchtbare Zone der Menschlichkeit zu schaffen.

So setzen sie an die Stelle des religiösen Gedankens die Idee eines unaufhaltsamen Aufstiegs der Menschheit. Der Fortschrittsgedanke, lange ehe durch Darwin eine wissenschaftliche Methode, wird durch sie zum moralischen Ideal: auf ihm ruhen das achtzehnte und das neunzehnte Jahrhundert, in vieler Hinsicht sind erasmische Ideen die Hauptprinzipien der modernen Gesellschaftsordnung geworden. Dennoch wäre nichts verfehlter, als im Humanismus und vollends in Erasmus einen Demokraten und einen Vorläufer des Liberalismus zu sehen. Nicht einen Augenblick denken Erasmus und die Seinen daran, dem Volk, dem ungebildeten und unmündigen – für sie ist jeder Ungebildete ein Unmündiger – auch nur das geringste Recht einzuräumen, und obwohl sie zwar abstrakt die ganze

Menschheit lieben, hüten sie sich sehr, mit dem vulgus profanum sich gemein zu machen. Blickt man näher zu, so ist bei ihnen statt des alten Adelshochmuts nur ein neuer gesetzt, jener dann durch drei Jahrhunderte weiterwirkende akademische Dünkel, der einzig dem Lateinmenschen, dem Universitätsgebildeten, den Anspruch zuerkennt, über Recht und Unrecht, über sittlich und unsittlich zu entscheiden. Die Humanisten sind ebenso entschlossen, im Namen der Vernunft die Welt zu regieren wie die Fürsten im Namen der Gewalt und die Kirche im Namen Christi. Ihr Traum zielt auf eine Oligarchie, eine Herrschaft der Bildungsaristokratie: nur die Besten, die Kultiviertesten, οίαριστοι, sollen im Sinne der Griechen die Führung der polis, des Staates übernehmen. Kraft ihres überlegenen Wissens, ihrer hellsichtigeren und humaneren Anschauung fühlen sie sich allein berufen, als Mittler und Führer in die ihnen töricht und rückständig erscheinenden Streitigkeiten zwischen den Nationen einzugreifen, aber diese Verbesserung der Zustände wollen sie durchaus nicht mit Hilfe des Volkes erzielen, sondern über die Masse hinweg. So stellen im tiefsten Grunde die Humanisten keine Absage an das Rittertum dar, sondern seine Erneuerung in geistiger Form.

Sie hoffen, mit der Feder die Welt zu erobern, wie jene mit dem Schwert, und unbewußt schaffen sie sich wie jene eine eigene Gesellschaftskonvention, die sich von den "Barbaren" absondert, eine Art höfischen Zeremoniells. Sie adeln ihre Namen, indem sie sie ins Lateinische oder Griechische übersetzen, um damit ihre Herkunft aus dem Volk zu verschleiern, sie nennen sich Melanchthon statt Schwarzerd, Mykonius statt Geißhüsler, Olearius statt Oelschläger, Chytraeus statt Kochhafe und Cochlaeus statt Dobnick, sie kleiden sich mit besonderer Sorgfalt in schwarze, wallende Gewänder, um sich von dem Stande der andern Stadtleute schon äußerlich zu distanzieren. Sie würden es ebensosehr für Erniedrigung halten, ein Buch oder einen Brief in ihrer Muttersprache zu schreiben, wie ein Ritter sich entrüstete, wollte man ihm zumuten, statt hoch zu Roß vorauszuziehen, im Troß mit dem gemeinen Fußvolk zu marschieren. Jeder einzelne fühlt sich durch das gemeinsame Kulturideal zu einer besonders vornehmen Haltung in Verkehr und Umgang verpflichtet, sie meiden heftige Worte und pflegen die urbane Höflichkeit in einem Zeitalter der Grobheit und Roheit als besondere Pflicht. In Wort und Schrift, in Sprache und Haltung bemühen sich diese Aristokraten des Geistes um Vornehmheit der Gesinnung und des Ausdrucks, und so spiegelt sich noch ein letzter Glanz des sterbenden Rittertums, das mit Kaiser Maximilian ins Grab gesunken, in diesem geistigen Orden, der statt des Kreuzes das Buch zum Panier genommen. Und wie die adelige Ritterschaft der groben, eisenspeienden Gewalt der Kanonen, so wird diese edle idealistische Schar dem wuchtigen, bauernkräftigen Stoß der Volksrevolution eines Luther, eines Zwingli in Schönheit aber ohnmächtig erliegen. Denn gerade dieses Vorbeisehen am Volke, diese Gleichgültigkeit gegen die Wirklichkeit hat von vornherein dem Reich des Erasmus jede Möglichkeit der Dauer und seinen Ideen die unmittelbar wirkende Kraft genommen: der organische Grundfehler des Humanismus war, daß er von oben herab das Volk belehren wollte, statt zu versuchen, es zu verstehen und von ihm zu lernen. Diese akademischen Idealisten glaubten schon zu herrschen, weil ihr Reich weithin reichte, weil sie in allen Ländern, Höfen, Universitäten, Klöstern und Kirchen ihre Diener, Gesandten und Legaten hatten, die stolz die Fortschritte der "eruditio" und "eloquentia" in bisher barbarischen Bezirken meldeten, aber im tiefsten umfaßte dies Reich doch nur eine dünne Oberschicht und war schwach verwurzelt mit der Wirklichkeit. Wenn Briefe aus Polen und Böhmen, aus Ungarn und Portugal jeden Tag Erasmus begeisterte Botschaft brachten, wenn aus aller Herren Ländern Kaiser, Könige und Päpste um seine Gunst warben, so mochte Erasmus in manchen Augenblicken, eingeschlossen in seine Studierstube, sich dem Wahn hingeben, das Reich der Ratio sei schon dauerhaft begründet. Aber über diesen lateinischen Briefen überhörte er das Schweigen der großen Millionenmasse und auch das Murren, das immer heftiger aus diesen unmeßbaren Tiefen erdröhnte. Weil das Volk für ihn nicht vorhanden war, weil er es für unfein und eines Gebildeten für unwürdig hielt, um die Gunst der Masse zu buhlen und sich mit Ungebildeten, den "Barbaren", überhaupt einzulassen, hat der Humanismus immer nur für die happy few und niemals für das Volk existiert, und sein platonisches Menschheitsreich ist im letzten ein Wolkenreich geblieben, eine kurze Stunde lang die ganze Welt überleuchtend, wundervoll anzuschauen, ein reines Gebilde des schaffenden Geistes, und von seiner

Höhe selig niederblickend auf eine verdunkelte Welt. Aber einem wirklichen Sturm – schon ballt er sich im Dunkel – wird dieses kühle und künstliche Gebilde nicht standhalten und kampflos der Vergänglichkeit anheimfallen.

Denn dies war die tiefste Tragik des Humanismus und die Ursache seines raschen Niederganges: seine Ideen waren groß, aber nicht die Menschen, die sie verkündeten. Ein kleines Gran Lächerlichkeit haftet diesen Stubenidealisten wie immer den bloß akademischen Weltverbesserern an, dürre Seelen sie alle, wohlgesinnte, honette, ein wenig eitle Pedanten, die ihre lateinischen Namen tragen wie eine geistige Maskerade: eine schullehrerhafte Pedanterie verstaubt bei ihnen die blühendsten Gedanken. Rührend sind diese kleinen Genossen des Erasmus in ihrer professoralen Naivität, ein wenig ähnlich den braven Menschen, die man auch heute in den philanthropischen und Weltverbesserungsvereinen versammelt erblickt, theoretische Idealisten, die an den Fortschritt wie an eine Religion glauben, nüchterne Träumer, die an ihren Schreibpulten eine sittliche Welt konstruieren und Thesen des ewigen Friedens niederschreiben, während in der wirklichen Welt ein Krieg dem andern folgt und ebendieselben Päpste, Kaiser und Fürsten, die ihren Verständigungsideen begeistert Beifall zollen, gleichzeitig mit- und gegeneinanderpaktieren und die Welt in Brand setzen. Wird ein neues Cicero-Manuskript gefunden, so glaubt der humanistische Clan, das Weltall müsse in seinen Fugen vor Jubel erdröhnen, jedes kleine Pamphletchen versetzt sie in Feuer und Leidenschaft. Aber was die Menschen der Gasse bewegt, was in den Tiefen der Massen urgründig waltet, das wissen sie nicht und wollen sie nicht wissen, und weil sie in ihren Zimmern verschlossen bleiben, verliert ihr wohlgemeintes Wort jede Resonanz in die Wirklichkeit. Durch diese verhängnisvolle Absonderung, durch den Mangel an Leidenschaft und Volkstümlichkeit ist es dem Humanismus niemals gelungen, seinen fruchtbaren Ideen wirkliche Fruchtbarkeit zu geben. Der großartige Optimismus, der im Grunde ihrer Lehre enthalten war, vermochte nicht schöpferisch aufzuwachsen und sich zu entfalten, weil sich unter diesen theoretischen Pädagogen der Menschheitsideen kein einziger befand, dem die ungebrochene Naturkraft des

Wortes gegeben war, um bis hinab ins Volk zu rufen. Ein großer, ein heiliger Gedanke verdorrt für ein paar Jahrhunderte in einem matten Geschlecht.

Aber doch, diese Weltstunde, da die heilige Wolke des Menschheitsvertrauens mit ihrem milden unblutigen Schein unsere europäische Erde überglänzte, sie war schön, und wenn ihr Wahn, schon seien die Völker im Zeichen des Geistes befriedet und vereint, auch ein voreiliger war, wir sollten ihr Ehrfurcht und Dankbarkeit entgegenbringen. Immer waren der Welt Menschen notwendig, die sich weigern, zu glauben, die Geschichte sei nichts als eine stumpfe, monotone Selbstwiederholung, ein in veränderter Gewandung sich gleich sinnlos erneuerndes Spiel, sondern die unbelehrbar darauf vertrauen, daß sie moralisch Fortschritt bedeute, daß auf unsichtbarer Stufenleiter unser Geschlecht aufsteige von Tierhaftigkeit zu Göttlichkeit, von brutaler Gewalt zum weise ordnenden Geist, und daß die letzte, die höchste Stufe der völligen Verständigung schon nahe, schon beinahe erreicht sei. Die Renaissance und der Humanismus schufen eine solche weltgläubige optimistische Minute: lieben wir darum diese Zeit und ehren wir ihren fruchtbaren Wahn. Denn zum erstenmal erwuchs damals unserem europäischen Geschlecht das Selbstvertrauen, alle früheren Epochen zu überholen und eine höhere, wissendere, weisere Menschheit zu formen als sogar Griechenland und Rom. Und die Wirklichkeit scheint diesen ersten Verkündern des europäischen Optimismus recht zu geben, denn geschehen nicht Herrlichkeiten in jenen Tagen, die alles Frühere übertreffen? Sind nicht in Dürer und Lionardo ein neuer Zeuxis und Apelles erstanden, in Michelangelo ein neuer Phidias? Ordnet nicht die Wissenschaft die Gestirne und die irdische Welt nach klaren und neuen Gesetzen? Schafft nicht das aus den neuen Ländern strömende Geld unermeßlichen Reichtum herbei und dieser Reichtum neue Kunst? Und ist nicht die Zaubertat Gutenbergs gelungen, die jetzt das schöpferische, das bildungszeugende Wort vertausendfacht über die Erde streut? Nein, es kann nicht mehr lange dauern, so jubeln Erasmus und die Seinen, und die Menschheit, so verschwenderisch von ihrer eigenen Kraft belehrt und beschenkt, muß ihre moralische Mission erkennen, in Hinkunft nur mehr brüderlich zu leben, sittlich zu handeln und alle Rückstände ihrer bestialischen Natur endgültig auszurotten. Wie Trompetenstoß dröhnt das Wort Ulrichs von Hutten über die Welt: "Es ist eine Lust zu leben", und gläubig und ungeduldig sehen von den Zinnen des erasmischen Reichs die Bürger des neuen Europa einen Lichtstreif am Horizont der Zukunft erglänzen, der nach langer Geistesnacht endlich den Tag der Weltbefriedung zu verkünden scheint.

Aber es ist nicht das heilige Morgenrot, das über der finsteren Erde dämmert: es ist der Feuerbrand, der ihre idealische Welt zerstören wird. Wie die Germanen ins klassische Rom, so bricht Luther, der fanatische Tatmensch, mit der unwiderstehlichen Stoßkraft einer nationalen Volksbewegung in ihren übernationalen, idealistischen Traum. Und noch ehe der Humanismus sein Werk der Welteinigung wahrhaft begonnen hat, schlägt die Reformation die letzte geistige Einheit Europas, die ecclesia universalis, mit eisernem Hammerschlag entzwei.

Der große Gegner

Selten treten die entscheidenden Mächte, das Schicksal und der Tod, ohne Warnung an den Menschen heran. Jedesmal senden sie einen leisen Boten voraus, aber verhüllten Antlitzes, und fast immer überhört der Angesprochene den geheimnisvollen Ruf. Unter den unzählbaren Briefen der Zustimmung und der Verehrung, die Erasmus in jenen Jahren das Pult überfüllten, findet sich auch einer vom 11. Dezember 1516 von Spalatinus, dem Sekretär des Kurfürsten von Sachsen. Mitten zwischen bewundernden Formeln und gelehrten Mitteilungen erzählt Spalatin, in seiner Stadt fühle sich ein junger Augustinermönch, der Erasmus aufs höchste verehre, in der Frage der Erbsünde nicht gleichen Sinnes mit ihm. Er pflichte nicht der Ansicht des Aristoteles bei, man werde gerecht, indem man gerecht handle, sondern er glaube seinerseits, nur dadurch, daß man gerecht sei, käme man in den Stand, richtig zu handeln; "erst muß die Person umgewandelt sein, dann erst folgen die Werke".

Dieser Brief stellt ein Stück Weltgeschichte dar. Denn zum erstenmal richtet Doktor Martin Luther – kein anderer ist jener ungenannte und noch unberühmte Augustinermönch – an den großen Meister das Wort, und sein Einwand berührt merkwürdigerweise bereits jetzt das Zentralproblem, in dem sich später diese beiden großen Paladine der Reformation als Feinde gegenüberstehen werden. Freilich, Erasmus liest damals jene Zeilen nur mit halber Aufmerksamkeit. Wie fände der vielbeschäftigte, von der ganzen Welt umworbene Mann auch Zeit, mit einem namenlosen Mönchlein irgendwo im Sächsischen ernsthaft über theologica zu disputieren; er liest vorbei, ahnungslos, daß mit dieser Stunde eine Wende in seinem Leben und in der Welt begonnen. Bisher stand er allein, Herr Europas und Meister der neuen evangelischen Lehre, nun aber ist der große Gegenspieler aufgestanden. Mit leisem, kaum hörbarem Finger hat er an sein Haus und an sein Herz geklopft, Martin Luther, der hier sich noch nicht mit Namen nennt, den aber bald die Welt den Erben und Besieger des Erasmus nennen wird.

Dieser ersten Begegnung zwischen Luther und Erasmus im geistigen Weltraum ist zeit ihres Lebens niemals eine persönliche im irdischen gefolgt; aus Instinkt sind von der ersten bis zur letzten Stunde diese beiden Männer einander ausgewichen, die in unzähligen Schriften und auf zahllosen Kupferstichen Bild an Bild und Name an Name als die Befreier vom römischen Joch, als die ersten redlichen deutschen Evangelisten gemeinsam gefeiert wurden. Die Geschichte hat uns damit um einen großen dramatischen Effekt gebracht, denn welche versäumte Gelegenheit, diese beiden großen Gegenspieler einander Auge in Auge und Stirn gegen Stirn zu betrachten! Selten hat das Weltschicksal zwei Menschen charakterologisch und körperlich so sehr zu vollkommenem Kontrast herausgearbeitet wie Erasmus und Luther. In Fleisch und Blut, in Norm und Form, in Geisteshaltung und Lebenshaltung, vom äußeren Leib bis zum innersten Nerv gehören sie gleichsam verschiedenen, feindgeborenen Charakterrassen an: Konzilianz gegen Fanatismus, Vernunft gegen Leidenschaft, Kultur gegen Urkraft, Weltbürgertum gegen Nationalismus, Evolution gegen Revolution.

Dieser Gegensatz tritt schon im Körperlichen sinnlich zutage: Luther, Bergmannssohn und Bauernnachfahr, gesund und übergesund, bebend und geradezu gefährlich bedrängt von seiner gestauten Kraft, vital und mit aller groben Lust an dieser Vitalität – "Ich fresse wie ein Böhme und saufe wie ein Deutscher" –, ein prallvolles und übervolles, ein fast berstendes Stück Leben, Wucht und Wildheit eines ganzen Volkes, gesammelt in einer Überschußnatur. Wenn er seine Stimme erhebt, dröhnt eine ganze Orgel in seiner Sprache, jedes Wort ist schmackhaft und derb gesalzen wie braunes frischgebackenes Bauernbrot, alle Elemente der Natur spürt man darin, die Erde mit ihrem Ruch und Quell, mit ihrer Jauche und ihrem Dung, – wie Gewittergewalt wild und zerstörend, stürmt diese Feuerrede über das deutsche Land. Luthers Genie liegt tausendmal mehr in dieser seiner vollsinnlichen Vehemenz als in seiner Intellektualität; so wie er Volkssprache spricht, aber mit einem ungeheuren Zuschuß an bildnerischer Kraft, so denkt er unbewußt aus der Masse heraus und stellt ihren Willen in einer bis zum höchsten Leidenschaftsgrad gesteigerten Potenz dar. Seine Person ist gleichsam der Durchbruch alles Deutschen, aller protestierenden und rebellierenden deutschen Instinkte ins Bewußtsein der Welt, und indem die Nation auf seine Ideen eingeht, geht er gleichzeitig ein in die Geschichte seiner Nation. Er gibt seine elementare Urkraft zurück an das Element.

Blickt man von diesem stämmigen, grobfleischigen, hartknochigen, vollblütigen Erdenkloß Luther, diesem Mann, dem von der niedern Stirn drohend die geballten Buckel des Willens vorspringen, gemahnend an die Moseshörner Michelangelos, blickt man von diesem Blutmenschen hinüber zum Geistmenschen Erasmus, zu dem pergamentfarbenen, feinhäutigen, dünnen, gebrechlichen, behutsamen Menschen, blickt man die beiden nur körperlich an, so weiß das Auge schon vor dem Verstand: zwischen solchen Antagonisten wird dauernde Freundschaft oder Verständnis niemals möglich sein. Immer kränklich, immer fröstelnd im Schatten seines Zimmers, immer in seine Pelze gehüllt, eine ewige Untergesundheit, wie Luther eine fast schmerzhaft drängende Übergesundheit, hat Erasmus von allem zuwenig, was jener zuviel; ständig muß diese zarte Natur ihr armes, blasses Blut mit starkem Burgunder in Wärme halten, während – die Gegensätze im kleinen sind die anschaulichsten – Luther täglich sein "stark wittenbergisch Bier" braucht, um seine hitzig und rot schwellenden Adern abends zu gutem schwarzen Schlaf abzudämpfen. Wenn Luther spricht, so donnert das Haus, bebt die Kirche, schwankt die Welt, aber auch bei Tisch unter Freunden kann er gut und dröhnend lachen, und gerne hebt er, nächst der theologia der musica am meisten zugetan, die Stimme zu männlich sonorem Gesang. Erasmus wiederum redet schwach und zart wie ein Brustkranker, künstlich schleift und rundet er die Sätze und spitzt sie zu feinen Pointen, während jenem die Rede strömt und auch die Feder vorstürmt "wie ein blind Pferd". Von Luthers Person geht Gewalt atmosphärisch aus: alle, die um ihn sind, Melanchthon, Spalatin und die Fürsten sogar, hält er durch sein herrisch-männliches Wesen in einer Art dienstbarer Hörigkeit. Erasmus' Macht dagegen äußert sich am stärksten, wo er selbst unsichtbar bleibt: in der Schrift, im Brief, im geschriebenen Wort. Er dankt nichts seinem kleinen, armen, vernachlässigten Leibe und alles nur seiner hohen, weiten, seiner weltumfassenden Geistigkeit.

Aber auch die Geistigkeit dieser beiden stammt aus ganz verschiedenen Rassen der Denkwelt. Erasmus ist zweifellos der Weitsichtigere, der Vielwissendere, kein Ding des Lebens bleibt ihm fremd. Klar und farblos wie Tageslicht dringt sein abstrakter Verstand durch alle Ritzen und Fugen der Geheimnisse und erhellt jeden Gegenstand. Luther wiederum besitzt unendlich weniger Horizont als Erasmus, aber mehr Tiefe; seine Welt ist enger, unermeßlich enger als die erasmische, aber jedem seiner Gedanken, jeder seiner Überzeugungen weiß er den Schwung seiner Persönlichkeit zu geben. Er reißt alles nach innen und hitzt es dort in seinem roten Blut, er schwängert jede Idee mit seiner vitalen Kraft, er fanatisiert sie, und was er einmal erkannt und bekannt hat, das läßt er niemals los; jede Behauptung verwächst mit seinem ganzen Wesen und gewinnt von ihm ungeheure dynamische Stärke. Dutzende Male haben Luther und Erasmus die gleichen Gedanken ausgesprochen, aber was bei Erasmus bloß einen feinen geistigen Reiz auf die Geistigen ausübt, eben das gleiche wird bei Luther dank seiner mitreißenden Art sofort Parole, Feldruf, plastische Forderung, und diese Forderungen peitscht er so grimmig wie die biblischen Füchse mit ihren Feuerbränden in die Welt, daß sie das Gewissen der ganzen Menschheit entzünden. Alles Erasmische zielt im letzten auf Ruhe und Befriedung des Geistes, alles Lutherische auf Hochspannung und Erschütterung des Gefühls; darum ist Erasmus, der "Skeptikus", dort am stärksten, wo er am klarsten, am nüchternsten, am deutlichsten redet, Luther wiederum, der

"Pater exstaticus", wo der Zorn und Haß ihm am wildesten von der Lippe springt.

Ein solcher Gegensatz muß organisch zu Gegnerschaft selbst bei gleichem Kampfziel führen. Am Anfang wollen Luther und Erasmus dasselbe, aber ihr Temperament will es auf so völlig gegensätzliche Art, daß es an ihrem Wesen zum Widerspruch wird. Die Feindseligkeiten gehen von Luther aus. Von allen genialen Menschen, welche die Erde getragen, war Luther vielleicht der fanatischeste, der unbelehrbarste, unfügsamste und unfriedsamste. Er konnte nur Jasager um sich brauchen, um ihrer sich zu bedienen, und Neinsager, um seinen Zorn an ihnen zu entzünden und sie zu zermalmen. Für Erasmus wieder war Nichtfanatismus geradezu Religion geworden, und der harte diktatorische Ton Luthers – gleichgültig, was immer er sagte – schnitt ihm wie ein böses Messer in die Seele. Ihm war dieses Faustaufschlagen und Mit-schäumendem-Munde-Reden, ihm, dem weltbürgerliche Verständigung zwischen geistigen Naturen als höchstes Ziel galt, einfach körperlich unerträglich, und die Selbstsicherheit Luthers (die dieser seine Gottessicherheit nannte) erschien ihm als aufreizende und beinahe blasphemische Überheblichkeit in unserer dem Irrtum und Wahn doch notwendig immer wieder verfallenden Welt. Selbstverständlich mußte Luther seinerseits wieder das Laue und Unentschiedene in Glaubensdingen an Erasmus hassen, dies Sich-nicht-entscheiden-Wollen, das Glatte, Nachgiebige, Glitschige einer Überzeugung, die niemals eindeutig festzulegen war, und gerade das ästhetisch Vollkommene, die "künstliche Rede" statt des klaren Bekennens erregte seine Galle. Im tiefsten Wesen des Erasmus war etwas, das Luther, und im tiefsten Wesen Luthers etwas, das Erasmus elementar aufreizen mußte. Töricht darum die Auffassung, es hätte nur an Äußerlichkeiten und Zufällen gelegen, daß diese beiden ersten Apostel der neuen evangelischen Lehre, daß Luther und Erasmus sich nicht zu gemeinsamem Werk verbanden. Selbst das Ähnlichste mußte bei so verschiedenem Farbstoff ihres Bluts und ihres Geistes andersfarbig werden, denn ihre Verschiedenheit war organisch. Sie drang von der Oberwelt des Hirns bis ins Geflecht des Instinkts und durch die Kanäle des Bluts in jene Tiefe, die der bewußte Denkwille nicht mehr beherrscht. Darum konnten sie aus Politik und um der gemeinsamen Sache willen einander lange schonen, sie konnten wie zwei Baumstämme eine Zeitlang nebeneinander in derselben Strömung schwimmen, aber an der ersten Biegung und Wegwende mußten sie schicksalhaft gegeneinanderschmettern: dieser welthistorische Konflikt war ein unausweichlicher.

Der Sieger in diesem Kampf, dies war von vornherein gewiß, mußte Luther sein, nicht bloß weil er der stärkere Genius war, sondern auch der kriegsgewohntere und kriegsfrohere Streiter. Luther war und blieb zeitlebens eine kämpferische Natur, ein geborener Raufbold mit Gott, Mensch und Teufel. Kampf war für ihn nicht nur Lust und Entladungsform seiner Kraft, sondern geradezu Rettung für seine überfüllte Natur. Dreinschlagen, Zanken, Schimpfen, Streiten bedeutete für ihn eine Art Aderlaß, denn erst im Aus-sich-Herausfahren, im Losdreschen spürt und erfüllt er sein ganzes menschliches Maß; mit einer leidenschaftlichen Lust stürzt er sich darum in jede gerechte oder ungerechte Sache hinein. "Fast tödlich durchschauert's mich", schreibt Bucer, sein Freund, "wenn ich an die Wut denke, die in dem Manne kocht sobald er mit einem Gegner zu schaffen hat." Denn unleugbar, Luther kämpft wie ein Besessener, wenn er kämpft, und immer nur mit ganzem Leib, mit entzündeter Galle, mit blutunterlaufenen Augen, mit schäumender Lippe; es ist, als ob er mit diesem furor teutonicus gleichsam ein fieberndes Gift aus dem Körper hetzte. Und tatsächlich, immer erst, wenn er so recht blindwütig zugeschlagen und seinen Zorn entladen, wird ihm leicht, "da erfrischt sich mir das ganze Geblüt, das ingenium wird hell und die Anfechtungen weichen". Auf dem Kampfplatz wird der hochgebildete Doctor theologiae sofort zum Landsknecht: "Wenn ich komm, schlage ich mit Keulen drein", ein rasender Grobianismus, eine berserkerischeBesessenheit erfaßt ihn, er greift rücksichtslos zu jeder Waffe, die ihm zur Hand kommt, zum feinfunkelnden dialektischen Schwert ebenso wie zur Mistgabel voll Schimpf und Dreck; rücksichtslos schaltet er jede Hemmung aus und schreckt auch notfalls vor Unwahrheit und Verleumdung zur Austilgung des Gegners nicht zurück. "Um des Besseren und der Kirche willen muß man auch eine gute, starke Lüge nicht scheuen." Das Ritterliche ist diesem Bauernkämpfer völlig fremd. Auch gegen den schon besiegten Gegner übt er weder Noblesse noch Mitleid, selbst auf den wehrlos am Boden Liegenden drischt er in blindwütigem

Zorn weiter zu. Er jubelt, als Thomas Münzer und Zehntausende Bauern schandbar hingeschlachtet werden, und rühmt sich mit heller Stimme, "daß ihr Blut auf seinem Halse ist", er frohlockt, daß der "säuische" Zwingli und Karlstadt und alle anderen, die je ihm widerstrebten, elend zugrunde gehen – niemals hat dieser haßgewaltige und heiße Mensch einem Feinde auch nach dem Tode gerechte Nachrede gegönnt. Auf der Kanzel eine hinreißend menschliche Stimme, im Hause ein freundlicher Familienvater, als Künstler und Dichter der Ausdruck höchster Kultur, wird Luther sofort, wenn eine Fehde beginnt, zum Werwolf, der Besessene eines riesenhaften Zorns, den keine Rücksicht und Gerechtigkeit hemmt. Aus diesem wilden Muß seiner Natur sucht er zeitlebens immer wieder diesen Krieg, denn Kampf scheint ihm nicht nur lustvolle Form des Lebens, sondern auch die moralisch richtigste. "Ein Mensch, sonderlich ein Christ, muß ein Kriegsmann sein", sagt er stolz in den Spiegel blickend, und in einem späten Brief (1541) hebt er dies Bekenntnis bis in die Himmel hinein mit der geheimnisvollen Behauptung "gewiß ist, daß Gott kämpft".

Erasmus aber kennt als Christ und Humanist keinen streitbaren Christus und keinen kämpfenden Gott. Haß und Rachsucht dünkten ihn, den Kulturaristokraten, ein Rückfall ins Plebejische und Barbarische. Alles Getümmel, Geraufe, jedes wilde Gezanke widert ihn an. Als konziliant geborene Natur hat er ebensoviel Unlust am Streit, wie dieser Zustand Luther Lust bereitet; charakteristisch sagt er einmal von seiner Streitscheu: "Wenn ich ein großes Landgut bekommen könnte und dazu einen Prozeß führen müßte, würde ich lieber auf das Landgut verzichten." Zweifelsohne, als Geistmensch liebt Erasmus die Diskussion mit Gleichgelehrten, aber so wie der Ritter das Turnier als adeliges Spiel, wo der Feine, der Kluge, der Geschmeidige vor dem Forum der humanistisch Gebildeten seine im klassischen Feuer gestählte Fechtkunst dartun kann. Ein paar Funken sprühen lassen, ein paar frische wendige Finten schlagen, einen schlechten Lateinreiter aus dem Sattel heben, solches geistesritterliche Spiel ist Erasmus keineswegs fremd, aber niemals wird er Luthers Lust begreifen, einen Feind zu zertrampeln und zu zerstampfen, nie in einem seiner zahlreichen Federkriege die Höflichkeit außer acht lassen und dem "mörderischen" Haß sich hingeben, mit dem Luther seine Gegner angreift. Erasmus ist zum

Kämpfer nicht geboren, schon weil er im letzten Sinne keine starre Überzeugung hat, für die er kämpft; objektive Naturen besitzen wenig Sicherheit. Sie zweifeln leicht an der eigenen Ansicht und sind bereit, die Argumente des Gegners zumindest zu überlegen. Den Gegner aber zu Worte kommen lassen, heißt schon, ihm Raum geben – gut kämpft nur der Blindwütige, der sich die Haube des Trotzes über die Ohren zieht, um nichts zu hören, und den seine eigene Besessenheit im Kampf schützt wie eine hürnene Haut. Für den ekstatischen Mönch Luther ist jeder seiner Gegenredner schon ein Sendling der Hölle, ein Feind Christi, den auszutilgen Pflicht ist, während dem humanen Erasmus selbst die tollste Übertreibung der Gegner höchstens ein mitleidiges Bedauern abnötigt. Ausgezeichnet hat schon Zwingli den Charaktergegensatz der beiden Rivalen in ein Bild gefaßt, indem er Luther mit Ajax, Erasmus mit Odysseus verglich, Ajax-Luther, der Mut- und Kriegsmensch, zum Kampf geboren und nirgends anders daheim, Odysseus-Erasmus, eigentlich nur durch Zufall auf das Schlachtfeld verschlagen, und glücklich, wieder heimzukehren in sein stilles Ithaka, zu der seligen Insel der Kontemplation, aus der Tatwelt in die Geistwelt, wo zeitliche Siege oder Niederlagen wesenlos scheinen gegenüber der unbesiegbaren, unverrückbaren Gegenwart der platonischen Ideen.

Erasmus war nicht zum Kriege geboren, und er hat es gewußt. Wo er dem Gesetz seiner Natur zuwiderhandelte und sich in Streit begab, mußte er unterliegen; denn immer, wenn der Künstler, der Gelehrte seine Grenze überschreitet und den Tatmenschen, den Kraftmenschen, den Zeitmenschen in den Weg tritt, mindert er sein eigenes Maß. Der Geistige darf nicht Partei nehmen, sein Reich ist die Gerechtigkeit, die allenthalben über jedem Zwiespalt steht.

Das erste leise Anpochen Luthers hat Erasmus überhört. Aber bald wird er aufhorchen müssen und diesen neuen Namen in sein Herz graben, denn die eisernen Schläge, mit denen der unbekannte Augustinermönch seine 95 Thesen an die Kirchentür von Wittenberg hämmert, hallen durch das ganze deutsche Reich. "Als wären die Engel selbst Botenläufer gewesen", so eilen noch druckfeucht die Blätter von Hand zu Hand; über Nacht wird im ganzen deutschen Volk neben dem Namen des Erasmus derjenige

Martin Luthers als des trefflichsten Vorkämpfers einer freien christlichen Theologie genannt. Mit genialem Instinkt hat der kommende Volksmann gerade den sinnlichen Punkt berührt, wo das deutsche Volk den Druck der römischen Kurie am schmerzlichsten empfand: den Ablaß. Nichts erträgt eine Nation unwilliger als einen ihr von einer auswärtigen Macht auferlegten Tribut; und daß in diesem Falle die Kirche die Urangst der Kreatur durch prozentuell beteiligte Agenten, durch berufsmäßige Ablaßverkäufer in Geld ummünzen ließ, daß diese dem deutschen Bauern und Bürger mit vorgedruckten Kassenzetteln abgepreßten Gelder außer Landes gingen und den Weg nach Rom nahmen, hatte längst eine dumpfe und noch wortlose nationale Entrüstung im ganzen Lande gesammelt – Luther gibt ihr eigentlich nur die Zündung mit seiner entschlossenen Tat. Nichts tut deutlicher dar, daß nicht der Tadel eines Mißbrauchs, sondern die Form des Tadels welthistorisch entscheidet; auch Erasmus und andere Humanisten hatten über den Ablaß, über diese Loskaufkarten vom Fegefeuer, ihren geistreichen Spott ergossen. Aber Spott und Witz zersetzen bloß als ein Negatives bestehende Kräfte, sie sammeln keine neuen zum schöpferischen Stoß. Luther dagegen, eine dramatische Natur, vielleicht die einzige wahrhaft dramatische der deutschen Geschichte, weiß aus einem unerlernbaren Urinstinkt jedes Ding drastisch und allen verständlich anzufassen, er hat von erster Stunde an die geniale Volksführergabe der plastischen Geste, des programmatischen Worts. Wenn er knapp und klar in seinen Thesen sagt: "Der Papst kann keine Schuld vergeben" oder "Der Papst kann keine andere Strafe erlassen, als die er selber auferlegt hat", so sind das wie Blitze einleuchtende, wie Donner einschlagende Worte ins Gewissen einer ganzen Nation, und der Petersdom beginnt unter ihnen zu wanken. Wo Erasmus und die Seinen mit Spötteln und Kritisieren die Aufmerksamkeit der Geistigen erweckten, ohne aber bis zu den Zonen der Massenleidenschaft vorzudringen, da erreicht Luther mit einem Stoße die Tiefe des Volksgefühls. Innerhalb zweier Jahre wird er das Sinnbild Deutschlands, der Tribun aller antirömischen, nationalen Wünsche und Forderungen, die konzentrierte Kraft allen Widerstandes.

Ein derart hellhöriger und neugieriger Zeitgenosse wie Erasmus mußte zweifelsohne sehr bald von Luthers Tat erfahren haben. Eigentlich sollte er sich freuen, denn ein Bundesgenosse im Kampf um eine freie Theologie ist damit an seine Seite getreten. Und zunächst ist auch kein Wort des Tadels zu hören. "Alle Guten lieben den Freimut Luthers", "gewiß ist bisher Luther der Welt nützlich gewesen" – in diesem wohlwollenden Ton äußert er sich zu seinen humanistischen Freunden über Luthers Auftreten. Ein erstes Bedenken heftet der weitblickende Psychologe allerdings schon vorsichtig an. "Vieles hat Luther trefflich getadelt", aber ein leiser Seufzer schwingt mit, "wenn er es nur maßvoller getan hätte." Instinktiv spürt der feinfühlige Mann das überhitzte Temperament Luthers als Gefahr; dringlich läßt er ihn mahnen, nicht immer gleich so grob herauszufahren. "Mir scheint, daß durch Bescheidenheit mehr erreicht wird als durch Ungestüm. So hat Christus die Welt unterworfen." Nicht die Worte, nicht die Thesen Luthers beunruhigen also Erasmus, sondern einzig der Tonfall des Vortrags, der demagogische, der fanatische Akzent in allem, was Luther schreibt und tut. Derart heikle theologische Fragen bespricht man nach der Ansicht des Erasmus besser mit stiller Stimme im gelehrten Kreise, man hält das vulgus profanum abseits durch das akademische Latein. Aber man schreit Theologie nicht so laut über die Gasse, daß Schuster und Krämer sich grob an derart subtilen Dingen ereifern können. Jede Diskussion vor der und für die Galerie drückt für den Geschmack des Humanisten das Niveau und zieht unvermeidlich die Gefahr des "tumultus", des Aufruhrs, der Volkserregung hinter sich her.

Erasmus haßt jede Propaganda und jede Agitation für die Wahrheit, er glaubt an ihre von selbst fortwirkende Kraft. Er meint, daß eine Erkenntnis, einmal durch das Wort in die Welt getragen, sich dann auf rein geistigem Wege durchsetzen müsse und weder des Beifalls der Menge noch der Parteiformung bedürfe, um in ihrem Wesen wahrer und wirklicher zu werden. Der geistige Mensch hat für sein Empfinden nichts anderes zu tun, als Wahrheiten und Klarheiten festzustellen und zu formulieren, er hat nicht für sie zu kämpfen. Nicht aus Neid also, wie seine Gegner ihn beschuldigen, sondern aus einem ehrlichen Angstgefühl, aus geistesaristokratischer Verantwortlichkeit sieht Erasmus mit Unwillen, wie hinter dem Wortsturm Luthers sich gleich einer ungeheuren Staubwolke die Erregung des Volkes erhebt. "Wenn er doch nur maßvoller wäre": immer wieder erneut sich des

Erasmus Klage über den Maßlosen, und im geheimsten bedrückt ihn das wissende Vorgefühl, daß sein hohes Geisterreich der bonae litterae, der Wissenschaften und der Humanität, einem solchen Weltsturm nicht werde standhalten können. Noch immer aber ist kein Wort zwischen Erasmus und Luther gewechselt, noch immer schweigen die beiden berühmtesten Männer der deutschen Reformation einander an, und dieses Schweigen wird allmählich auffällig. Erasmus, der Vorsichtige, hat keinen Anlaß, sich persönlich mit dem Unberechenbaren einzulassen, Luther wieder, je mehr ihn die eigene Überzeugung in den Kampf treibt, wird zusehends skeptischer gegen den Skeptiker. "Die menschlichen Dinge bedeuten ihm mehr als die göttlichen", schreibt er von Erasmus und bezeichnet damit meisterhaft ihre gegenseitige Distanz: für Luther war das Religiöse das Wichtigste auf Erden, für Erasmus das Humane.

Aber in diesen Jahren steht Luther nicht mehr allein. Ohne es zu wünschen, ohne es vielleicht ganz zu begreifen, ist er mit seinen nur geistig gemeinten Forderungen Exponent der vielfältigsten irdischen Interessen geworden, der Rammbock der deutschen nationalen Sache, ein wichtiger Stein im politischen Schachspiel zwischen Papst, Kaiser und den deutschen Fürsten. Ganz fremde und durchaus unevangelische Nutznießer seines Erfolges beginnen um seine Person zu werben, um sie für ihre eigenen Zwecke auszubeuten. Allmählich bildet sich um den einzelnen Mann schon der nucleus einer zukünftigen Partei, eines kommenden religiösen Systems. Aber lange ehe die große Massenarmee des Protestantismus gesammelt ist, hat sich, entsprechend dem Organisationsgenie der Deutschen, schon ein politischer, theologischer, juridischer Generalstab rings um Luther geschart: Melanchthon, Spalatin, Fürsten, Adelsherren und Gelehrte. Neugierig blicken die fremden Gesandten nach Kursachsen hinüber, ob aus diesem harten Mann nicht ein Keil zu schnitzen wäre, den sie in das mächtige Imperium treiben könnten: eine feinmaschige, politische Diplomatie verwebt ihre Fäden mit Luthers rein sittlich gedachten Forderungen. Gerade sein engster Kreis sucht nach Bundesgenossen, und Melanchthon, der wohl weiß, welcher Tumult sich erheben muß, wenn erst einmal Luthers Schrift "An den Adel deutscher Nation" erschienen sein wird, drängt und drängt, man möge die so wichtige Autorität des unparteiischen Erasmus für die evangelische Sache gewinnen. Endlich gibt Luther nach und wendet sich am 28. März 1519 zum erstenmal persönlich an Erasmus.

Zum Wesen des humanistischen Briefes gehört unerläßlich die schmeichlerische Höflichkeit, die geradezu chinesisch übertreibliche Selbstherabsetzung. Es hat deshalb nichts Besonderes zu besagen, wenn Luther seinen Brief hymnisch beginnt: "Wen gibt es, dessen Denken nicht von Erasmus erfüllt wäre? Wer ist nicht von ihm belehrt, wer ist nicht von ihm beherrscht?", wenn er sich als plumpen Burschen darstellt mit ungewaschenen Händen, der noch nicht gelernt habe, wie man sich brieflich an einen wahrhaft hochgelehrten Mann wendet. Aber da er gehört habe, daß dem Erasmus sein Name durch die "nichtige" Bemerkung über den Ablaß bekanntgeworden sei, könnte ein weiteres Stillschweigen zwischen ihnen beiden mißverständlich ausgelegt werden. "Anerkenne also, Du gütiger Mann, wenn es Dir genehm ist, auch diesen kleinen Bruder in Christo, der freilich nur würdig ist, mit seiner Unwissenheit in einem dunklen Winkel vergraben und nicht unter demselben Himmel und unter der gleichen Sonne bekannt zu sein." Um dieses einen Satzes willen ist der ganze Brief geschrieben. Er enthält alles, was Luther von Erasmus erhofft: einen Brief der Zustimmung, irgendein seiner Lehre freundliches (wir würden sagen: publizistisch verwertbares) Wort. Die Stunde ist dunkel und entscheidungsvoll für Luther, er hat einen Krieg gegen den Mächtigsten der Erde eröffnet, schon liegt die Bannbulle in Rom bereit; Erasmus in solchem Kampf als moralischen Nothelfer zu haben, wäre bedeutsam und vielleicht siegentscheidend für die lutherische Sache, denn dieser Name gilt durch seine Unbestechlichkeit. Immer ist der parteilose Mensch für die Parteimenschen die wichtigste und beste Flagge.

Aber Erasmus will niemals eine Verpflichtung übernehmen und am wenigsten Bürge sein für eine noch gar nicht errechenbare Schuld. Denn Luther jetzt offen bejahen, heißt im voraus schon ja sagen zu allen seinen kommenden Büchern und Schriften und Angriffen, ja sagen zu einem maßlosen und unmäßigen Menschen, dessen "gewaltsame und aufrührerische Schreibart" Erasmus, den Harmoniker, in innerster Seele peinlich berührt. Und dann, was ist Luthers Sache? Was ist sie heute, 1519, was wird sie morgen sein? Für einen Menschen Partei nehmen, sich verpflichten, heißt ein Stück seiner eigenen sittlichen Freiheit aufgeben, für Forderungen einstehen, deren Tragweite man nicht überblicken kann, und nie wird Erasmus sich in seiner Freiheit einschränken lassen. Vielleicht auch spürt die feinwitternde Nase des alten Klerikers einen leichten Ketzergeruch aus den Schriften Luthers. Und sich überflüssig zu kompromittieren, war nie des vorsichtigen Erasmus Tugend und Kraft.

So biegt er aufs sorgfältigste in seiner Antwort einem klaren Ja oder Nein aus. Zunächst erbaut er sich geschickt ein Schanzwerk, indem er nach rechts und links hin erklärt, er habe Luthers Schriften gar nicht richtig gelesen. In der Tat ist es ja dem Buchstaben nach Erasmus als katholischem Priester untersagt, ohne ausdrückliche Erlaubnis seiner Vorgesetzten kirchenfeindliche Bücher zu lesen: mit äußerster Vorsicht wendet der gewiegte Briefschreiber Erasmus dies als Entschuldigung ein, um an einer entscheidenden Aussage vorbeizureden. Er dankt dem "Bruder in Christo", berichtet von der ungeheuren Erregung, die Luthers Bücher in Löwen hervorgerufen, und wie häßlich sich die Gegner darüber hermachen – damit drückt er umwegig eine gewisse Sympathie aus. Aber mit welcher Meisterschaft weicht der leidenschaftlich Unabhängige jedem deutlich zustimmenden Wort aus, auf das man ihn festlegen und verpflichten könnte! Ausdrücklich betont er, Luthers Psalmenkommentar bloß "angeblättert" (degustavi), also nicht gelesen zu haben, und daß er "hoffe", dieser werde von großem Nutzen sein – abermals ein umschreibender Wunsch statt eines Urteils; und um sich ja nur von Luther zu distanzieren, verspottet er angebliche Gerüchte, als sei er selber an der Abfassung von Luthers Schriften beteiligt, als töricht und böswillig. Dann aber, zum Schlusse, wird Erasmus endlich deutlich. Klipp und klar erklärt er, nicht zu wünschen, in die ganze leidige Streitsache hineingezogen zu werden: "Ich verhalte mich, soweit ich kann, neutral (integrum), um besser die wiederaufblühenden Wissenschaften fördern zu können, und glaube, daß durch klug gehandhabte Zurückhaltung mehr erreicht wird als durch heftige Einmengung." Dringlich ermahnt er dann noch Luther zur Mäßigung und endet den Brief mit dem frommen und unverbindlichen Wunsch, Christus möge Luther täglich mehr von seinem Geiste verleihen.

Damit hat Erasmus seine Stellung bezogen. Es ist die gleiche wie im Reuchlinstreit, als er sagte: "Ich bin kein Reuchlinianer und nehme an Parteien nicht teil, ich bin Christ und kenne nur Christen, aber keine Reuchlinianer oder Erasmianer." Er ist entschlossen, nicht einen Schritt weiter zu gehen, als er wirklich will. Erasmus ist ein ängstlicher Mensch, aber Angst hat auch schauende Kräfte: sie sieht aus einer merkwürdigen plötzlichen Erhellung des Gefühls manchmal das Kommende halluzinatorisch voraus. Hellsichtiger als all die andern Humanisten, die Luther als einem Heiland zujubeln, erkennt Erasmus in der aggressiven, unbedingten Art Luthers die Vorzeichen eines "tumultus", er sieht statt der Reformation eine Revolution, und diesen gefährlichen Weg will er keinesfalls gehen. "Was könnte ich Luther helfen, indem ich mich zum Gefährten seiner Gefahr mache, außer daß zwei Menschen statt eines zu Grunde gingen... Er hat einiges ausgezeichnet gesagt und gut gewarnt, und ich wollte, er hätte diese guten Dinge nicht durch seine unerträglichen Fehler gestört. Aber selbst wenn er all dies in frommer Art geschrieben, würde ich meinen Kopf nicht in Gefahr setzen, um der Wahrheit willen. Es hat nicht jeder die Kraft zum Märtyrer, und ich muß traurig fürchten, daß im Falle eines Tumults ich das Beispiel Petri befolgen würde. Ich befolge die Gebote des Papstes und der Fürsten, wenn sie gerechte sind, und ich erdulde ihre üblen Gesetze, weil es sicherer ist. Ich glaube, daß ein solches Verhalten allen wohlmeinenden Menschen gemäß ist, wenn sie keine Hoffnung auf erfolgreichen Widerstand sehen." Aus seiner seelischen Zaghaftigkeit ebenso wie aus seinem unerschütterlichen Unabhängigkeitsgefühl ist Erasmus entschlossen, mit niemandem, also auch mit Luther nicht, gemeinsame Sache zu machen. Er soll seinen Weg gehen und Erasmus den seinen: so schließen sie nur die Übereinkunft, einer dem andern nicht feindlich entgegenzutreten. Das Bündnisangebot ist zurückgewiesen, ein Neutralitätspakt geschlossen. Luther ist es bestimmt, das Drama zu gestalten, und Erasmus hofft – vergebliche Hoffnung!–, es werde ihm erlaubt sein, dabei nur Zuschauer, nur "spectator" zu bleiben: "Wenn Gott, wie aus dem mächtigen Aufstieg der Sache Luthers hervorgeht, dies alles so will und vielleicht für die Verdorbenheit dieser Zeiten einen so rauhen Wundarzt wie Luther nötig erachtet hat, dann ist es nicht meine Sache, ihm zu widerstreben."

Aber in politischen Zeiten außen und unparteiisch zu bleiben, ist schwieriger als Partei zu nehmen, und sehr zu seinem Verdruß sucht sich die neue Partei auf Erasmus zu berufen. Erasmus hat die reformatorische Kritik an der Kirche begründet, die Luther in einen Angriff gegen das Papsttum verwandelt, er hat, wie die katholischen Theologen erbittert sagen, "die Eier gelegt, die Luther ausbrütet". Ob er will oder nicht, bis zu einem gewissen Grade ist Erasmus als Wegbereiter für Luthers Tat verantwortlich: "Ubi Erasmus innuit, illic Luther irruit." Wo er vorsichtig das Tor geöffnet, ist der andere ungestüm eingebrochen, und zu Zwingli muß Erasmus selbst gestehen: "Alles, was Luther fordert, habe ich selber gelehrt, nur nicht so heftig und ohne jene nach Extremen haschende Sprache." Was die beiden trennt, ist einzig die Methode. Beide haben die gleiche Diagnose gestellt: daß die Kirche in Lebensgefahr schwebe, an ihrer Veräußerlichung innerlich zugrunde zu gehen. Aber während Erasmus eine langsam fortschreitende Behandlung vorschlägt, einen sorglichen, allmählichen Blutreinigungsprozeß durch Salzinjektionen von Vernunft und Spott, macht Luther den blutigen Schnitt. Ein derart lebensgefährliches Verfahren mußte Erasmus mit seiner Scheu vor Blut ablehnen, ihm widerstrebte alles Gewaltsame: "Fest steht mein Entschluß, mich lieber gliederweise zerreißen zu lassen, als die Zwietracht, besonders in Sachen des Glaubens, zu begünstigen. Zwar stützen sich viele Anhänger Luthers auf den evangelischen Ausspruch: Ich bin nicht gekommen, den Frieden zu bringen, sondern das Schwert. Allein, obwohl ich einsehe, daß manches in der Kirche zum Vorteil der Religion verändert werden sollte, so wenig gefällt mir alles, was zu einem Aufruhr dieser Art führt." Mit einer an Tolstoi gemahnenden Entschlossenheit lehnt Erasmus jeden Appell an die Gewalt ab und erklärt sich lieber bereit, den ärgerlichen Zustand weiter zu ertragen, als diese Umwandlung mit einem "tumultus", mit Blutvergießen, zu erkaufen. Während die anderen Humanisten, kurzsichtiger und optimistischer, der Luthertat zujubeln als einer Befreiung der Kirche, als einer Erlösung Deutschlands, erkennt er darin die Zersplitterung der ecclesia universalis aus einer Weltkirche in Landeskirchen und die Loslösung Deutschlands aus der Einheit des Abendlands. Er ahnt mehr vom Herzen aus, als er wissen kann durch den Verstand, daß eine solche Loslösung Deutschlands und der anderen germanischen Länder von der Schlüsselgewalt des Papstes nicht ohne die blutigsten und mörderischsten Konflikte sich vollziehen könnte. Und da Krieg für ihn Rückschritt bedeutet, barbarischen Rückfall in längst überlebte Epochen, setzt er seine ganze Macht ein, um diese äußerste Katastrophe inmitten der Christenheit zu verhindern. Damit wächst Erasmus plötzlich eine historische Aufgabe zu, die innerlich über seine Kraft geht: allein inmitten all der Überreizten die klare Vernunft zu verkörpern und, einzig mit einer Feder bewehrt, die Einheit Europas, die Einheit der Kirche, die Einheit der Humanität und des Weltbürgertums zu verteidigen gegen Zerfall und Vernichtung.

Erasmus beginnt seine Vermittlungsmission, indem er versucht, Luther zu beschwichtigen. Immer beschwört er durch Freunde den Unbelehrbaren, nicht so "aufrührerisch" zu schreiben, nicht auf so "unevangelische" Weise das Evangelium zu lehren: "Ich wünschte, daß Luther sich eine Zeitlang aller Streitigkeiten enthielte und die evangelische Sache rein und ohne jede Beimischung führte. Er würde mehr Erfolg haben." Und vor allem: nicht alles müsse öffentlich abgehandelt und keinesfalls kirchliche Reformforderungen einer unruhigen und zu Händeln geneigten Masse in die Ohren geschrien werden. Wie beredt rühmt Erasmus, der Diplomat, gegenüber der agitatorischen Kraft der Redekunst jene andere Meisterschaft des Geistmenschen, die hohe Kunst des Schweigens zu rechter Stunde: "Nicht immer muß die ganze Wahrheit gesagt werden. Viel kommt darauf an, wie sie verkündet wird."

Diese Auffassung, die Wahrheit könne des zeitlichen Vorteils wegen auch nur eine Minute lang verschwiegen werden, muß Luther unverständlich sein. Für ihn, den Bekenner, ist es des Gewissens heiligste Pflicht, daß man jedes Jota und jede Silbe Wahrheit, die Herz und Seele einmal erkannt haben, auch bekennt, sie hinausschreit, gleichgültig, ob Krieg, Tumult und Einsturz des Himmels daraus entstehen. Schweigekunst kann und will Luther nie erlernen. In diesen vier Jahren ist ihm eine neue mächtige Sprache in den Mund gesprungen, unermeßliche Kräfte, die gelagerten Ressentiments eines ganzen Volkes sind ihm in die Hände gefahren; das gesamte deutsche Nationalbewußtsein, begierig, gegen alles Welsche und Kaiserliche revolutionär aufzustehen, der Pfaffenhaß, der Fremdenhaß, die dunkle, soziale, religiöse Glut, die seit den Bundschuhtagen in der Bauernschaft schwelt, all das ist durch den Hammerschlag Luthers gegen die Kirchentüren von Wittenberg aufgeweckt worden; alle Stände, die Fürsten, die Bauern, die Bürger fühlen ihre private und ständische Sache durch das Evangelium geheiligt.

Das ganze deutsche Volk, weil es in Luther einen Mann des Muts und der Tat sieht, wirft seine bisher zersplitterte Leidenschaft in ihn hinein. Immer aber, wenn sich das Nationale mit dem Sozialen in der Glut religiöser Ekstase bindet, entstehen jene gewaltigen Erdstöße, die das Weltall erschüttern, und ist, wie im Falle Luthers, nur ein Mann zur Stelle, in dem zahllose einzelne ihren unbewußten Willen verwirklicht meinen, so wachsen diesem Manne magische Kräfte zu. Wem auf den ersten Ruf eine ganze Nation ihre Kraft in die eigene Kraft gießt, der ist leicht versucht, sich als Boten vom Ewigen her zu empfinden, und nach unzähligen Jahren spricht ein Mann in Deutschland wieder die Sprache der Propheten. "Gott hat mir verordnet, daß ich lehre und richte als einer der Apostel und Evangelisten im deutschen Lande." Von Gott her fühlt der Ekstatiker die Aufgabe sich zugeteilt, die Kirche zu reinigen, das deutsche Volk aus den Händen des "Antichrists", des Papstes, dieses "vermummten und leibhaftigen Teufels", zu erlösen, mit dem Wort zu erlösen, und wenn es nicht anders geht, mit Schwert und Feuer und Blut.

In ein solches Ohr, das vom Brausen des Volksjubels und von göttlichem Befehl erfüllt ist, Mahnung und Behutsamkeit zu predigen, muß vergeblich sein. Bald hört Luther kaum mehr hin, was Erasmus schreibt oder denkt, er braucht ihn nicht mehr. Eisern, unbarmherzigen Schrittes geht er seinen historischen Weg.

Mit derselben Eindringlichkeit wie an Luther wendet sich Erasmus aber gleichzeitig an die Gegenseite, an den Papst und die Bischöfe, an die Fürsten und Herrscher, um sie vor übereilter Härte gegen Luther zu warnen. Auch hier sieht er seinen alten Feind am Werke, den selbstgenügsamen blinden Fanatismus, der nicht die eigenen Fehler erkennen will. So mahnt er, man sei mit dem Bannfluch vielleicht doch zu hart verfahren, es handle sich bei Luther immerhin um einen durchaus rechtlichen Mann, dessen Lebenshaltung allgemein gelobt werde. Gewiß, Luther habe Zweifel über den Ablaß gehegt, aber auch andere vor ihm hätten schon kühne Äußerungen in diesem Sinne getan. "Nicht jeder Irrtum ist schon eine Ketzerei", mahnt der ewige Vermittler und rechtfertigt seinen bittersten Gegner Luther, er habe "viele Dinge eher übereilt als in böser Absicht geschrieben". In einem solchen Falle müsse man nicht immer gleich nach dem Scheiterhaufen schreien und nicht jeden, der verdächtig wäre, schon der Häresie bezichtigen. Wäre es nicht ratsamer, Luther zu warnen und zu belehren, statt ihn zu beschimpfen und zu reizen? "Das beste Mittel für eine Befriedung wäre", schreibt er an den Kardinal Campeggio, "wenn der Papst von jeder Partei ein öffentliches Glaubensbekenntnis verlangen würde. Damit würde dem Mißbrauch falscher Darstellung abgeholfen und die Tollheit des Redens und Schreibens abgeschwächt." Abermals und abermals dringt der Konziliante auf ein Konzil, er rät zu einer vertraulichen Aussprache über alle diese Thesen im gelehrten und geistlichen Kreise, die zu einer "dem christlichen Geiste würdigen Verständigung" führen müßte.

Aber Rom hört ebensowenig auf die mahnende Stimme als Wittenberg. Andere Sorgen beschäftigen in diesen Stunden den Papst: sein geliebter Raffaelo Sanzio, dies göttliche Geschenk der Renaissance an die neu erstandene Welt, stirbt plötzlich hin in diesen Tagen. Wer wird jetzt die Stanzen des Vatikans würdig vollenden? Wer den Bau, den so kühn angestrebten der Peterskirche zu Ende führen? Dem mediceischen Papst ist die Kunst, sie, die große und dauerhafte, hundertmal wichtiger als dies kleine Mönchsgezänk irgendwo droben in einem kleinen sächsischen Provinzstädtchen, und gerade weil dieser Kirchenfürst so großzügig sieht, blickt er gleichgültig über dies winzige Mönchlein hinweg. Seine Kardinäle wieder, hochmütig und selbstbewußt – hat man nicht erst eben Savonarola auf den Scheiterhaufen gestoßen und die Ketzer in Spanien aus dem Lande gejagt? – fordern den Bann als einzige Antwort auf Luthers Unbotmäßigkeit. Wozu ihn erst anhören, wozu mit diesem Bauerntheologen noch rechten? Achtlos werden die warnenden Briefe des Erasmus beiseite gelegt, hastig fertigt man in der römischen Kanzlei die Bannbulle aus und befiehlt dem Legaten, mit voller Kraft und Härte dem deutschen Aufrührer entgegenzutreten: durch Starrsinn zur Rechten, durch Starrsinn zur Linken wird die erste und darum beste Möglichkeit zur Versöhnung vertan.

Und doch: in jenen Tagen der Entscheidung – zu wenig ist diese Hintergrundszene beachtet worden – gerät das ganze Schicksal der deutschen Reformation für einen kurzen Augenblick in des Erasmus Hand. Schon hat Kaiser Karl den Reichstag nach Worms einberufen, wo über Luthers Sache, sofern er sich in letzter Stunde nicht beugt, der Stab gebrochen werden soll. Auch der Landesherr Luthers, Friedrich von Sachsen, damals noch nicht sein offener Anhänger, sondern bloß sein Schirmherr, ist zum Reichstag geladen. Dieser merkwürdige Mann, streng kirchenfromm, der größte Sammler von Reliquien und Heiligengebeinen in Deutschland, von Dingen also, die Luther als Tand und Teufelsspiel höhnisch abtut, hegt gewisse Sympathien für Luther, er ist stolz auf den Mann, der seiner Universität Wittenberg solchen Ruhm in der Welt verliehen. Aber er wagt doch nicht, sich offen zu ihm zu bekennen. Aus Vorsicht und weil innerlich noch nicht entschieden, hält er sich diplomatisch zurück, mit Luther persönlichen Umgang zu pflegen. Er empfängt ihn nicht, um (genau wie Erasmus) im Notfall zur Deckung sagen zu können, er habe ad personam mit ihm nichts zu tun gehabt. Aber aus politischen Gründen und weil er diesen starken Bauern im Schachspiel gegen den Kaiser gut brauchen kann, und schließlich auch aus einem partikularistischen Stolz auf die eigene Gerichtsbarkeit, hat er bisher schirmend die Hand über Luther gehalten und ihm trotz päpstlichen Bannstrahls Kanzel und Universität belassen.

Nun aber wird selbst dieser vorsichtige Schutz zur Gefahr. Denn gerät Luther, wie zu erwarten ist, in die Reichsacht, dann besagt, ihn weiterhin zu beschirmen, offene Rebellion eines Landesfürsten gegen seinen Kaiser. Und zu dieser offenen Empörung sind die erst halbprotestantischen Fürsten noch nicht recht entschlossen. Sie wissen zwar ihren Kaiser militärisch machtlos, er hat beide Arme gebunden durch den Krieg gegen Frankreich und Italien, die Stunde wäre vielleicht günstig, die eigene Macht zu mehren, und für einen solchen Vorstoß die evangelische Sache der schönste, der vor der Geschichte ruhmreichste Anlaß. Aber Friedrich, der persönlich fromme und rechtliche Mann, ist noch immer im tiefsten ungewiß, ob dieser sein Priester und Professor auch wirklich ein Bote wahrer evangelischer Lehre sei oder nur einer der unzähligen Schwärmer und Sektierer. Noch ist er nicht entschlossen, ob er vor Gott und der irdischen Vernunft es verantworten könnte, diesen großen und doch gefährlichen Geist weiterhin zu schirmen.

In dieser unentschiedenen Stimmung erfährt Friedrich auf der Durchreise in Köln, daß Erasmus gleichfalls in der Stadt zu Gast sei. Sofort läßt er ihn durch Spalatin, seinen Sekretär, zu sich bitten. Denn noch immer gilt Erasmus als höchste moralische Autorität in weltlichen und theologischen Dingen, noch immer krönt ihn der redlich erworbene Ruhm restloser Unparteilichkeit. Von ihm erwartet sich der Kurfürst die sicherste Beratung in seiner Ungewißheit, und er stellt ihm die offene Frage, ob Luther im Recht sei oder im Unrecht. Fragen, die ein klares Ja oder Nein fordern, liebt nun an sich Erasmus nicht sehr, und besonders diesmal bindet sich unermeßliche Verantwortung an sein Votum. Denn billigt er die lutherischen Taten und Worte, hält, dadurch innerlich bekräftigt, Friedrich weiterhin die Hand über Luther, so ist Luther und damit die deutsche Reformation gerettet. Läßt aber sein Landesherr ihn entmutigt im Stich, so muß Luther aus dem Lande flüchten, um sich vor dem Holzstoß zu retten. Zwischen diesem Ja und Nein liegt ein Weltschicksal, und wäre Erasmus wirklich, wie seine Gegner es behaupteten, neidisch oder feindselig gegen seinen großen Genossen gewesen, jetzt oder nie wäre ihm Gelegenheit geboten, sich seiner für immer zu entledigen. Ein schroff ablehnendes Wort hätte den Kurfürsten wahrscheinlich bestimmt, die Schirmhand von Luther zu lassen. An diesem Tage, dem 5. November 1520, lag das Schicksal der deutschen Reformation, lag die Weltgeschichte wahrscheinlich ganz in Erasmus' zarter und ängstlicher Hand.

Erasmus bewahrt in diesem Augenblick ehrliche Haltung. Keine tapfere Haltung, keine große, keine entschiedene, keine heroische, aber doch (und dies ist schon viel) eine ehrliche. Auf die Frage des Kurfürsten, ob er in den Ansichten Luthers etwas Unrechtes und Ketzerisches erblicken könne, sucht er sich zunächst mit dem Scherzwort herauszudrehen (er will nicht Partei nehmen), das Hauptunrecht Luthers sei gewesen, daß er dem Papst an die Krone und den Mönchen an den Bauch gegriffen habe. Aber dann, ernstlich aufgefordert, seine Ansicht zu äußern, legt er in zweiundzwanzig kurzen Sätzen, die er Axiomata nennt, seine persönliche Meinung über Luthers Lehre nach bestem Wissen und Gewissen fest. Einige Sätze lauten mißbilligend wie: "Luther mißbraucht die Nachsicht des Papstes", aber in den entscheidenden Thesen stellt er sich mutig an die Seite des Bedrohten: "Von allen Universitäten haben nur zwei Luther verdammt, und diese haben ihn nicht widerlegt. Luther verlangt daher nur etwas Billiges, wenn er öffentliche Diskussion und unverdächtige Richter begehrt", und: "Das Beste, auch für den Papst, wäre, die Sache durch angesehene, unverdächtige Richter beilegen zu lassen. Die Welt dürstet nach dem wahren Evangelium, und der ganze Zug der Zeit geht dahin. Ihm soll man sich nicht auf so gehässige Weise entgegensetzen." Sein endgültiger Rat verbleibt, daß durch Nachgiebigkeit und ein öffentliches Konzil diese heikle Angelegenheit geordnet werden solle, ehe sie in einem "tumultus" ausarte und für Jahrhunderte die Welt in Unruhe setze. Mit diesen Worten ist (Luther hat es Erasmus übel gedankt) eine weittragende Wendung zugunsten der Reformation eingetreten. Denn wenn auch etwas verwundert über gewisse Zweideutigkeiten und Vorsichtigkeiten in Erasmus' Darlegungen, tut der Kurfürst doch genau, was Erasmus in jenem nächtlichen Gespräch ihm vorgeschlagen. Am nächsten Tage, dem 6. November, fordert Friedrich von dem päpstlichen Gesandten: Luther soll öffentlich von gerechten, freien und unverdächtigen Richtern gehört und seine Bücher nicht vorher verbrannt werden. Damit protestiert er gegen den schroffen Standpunkt Roms und des Kaisers: der Protestantismus der deutschen Fürsten hat zum erstenmal die Stimme erhoben. Durch seine heimliche Hilfe hat Erasmus der Reformation in entscheidender Stunde entscheidende Hilfe geleistet und statt der Steine, die sie nachher gegen ihn schleuderte, ein Denkmal verdient.

Dann kommt die Weltstunde zu Worms. Überfüllt ist die Stadt bis zu den Dächern und Firsten, ein junger Kaiser zieht ein, begleitet von Legaten, Gesandten, Kurfürsten, Sekretären, umringt von den flammenden Farben der Reiter und Landsknechte. Wenige Tage später zieht ein kleiner Mönch denselben Weg, ein einzelner Mann, vom Banne des Papstes getroffen und bloß durch einen Geleitbrief, den er in der Tasche gefaltet trägt, vor dem Ketzerbrand geschützt. Doch abermals brausen und branden die Straßen von Jubel und Begeisterung. Den einen Mann, den Kaiser, haben die deutschen Fürsten, den andern hat das deutsche Volk zum Führer Deutschlands gewählt.

Die erste Aussprache verzögert die schicksalsschwere Entscheidung. Noch ist der erasmische Gedanke lebendig, noch herrscht leise Hoffnung auf eine Vermittlungsmöglichkeit. Aber am zweiten Tage spricht Luther das welthistorische Wort: "Hier stehe ich, ich kann nicht anders." Die Welt ist zerrissen in zwei Teile: zum erstenmal seit den Tagen des Johann Hus hat ein Mann vor dem Antlitz des Kaisers und des versammelten Hofes der Kirche den Gehorsam versagt. Ein leises Schauern läuft durch den höfischen Kreis, sie raunen und staunen über das freche Mönchlein. Unten aber jubeln die Landsknechte Luther zu. Ahnen sie, daß aus dieser Weigerung für sie guter Wind bläst? Wittern sie, diese Sturmvögel, schon den nahen, den kommenden Krieg? Wo aber ist Erasmus in dieser Stunde? Er ist, dies seine tragische Schuld, in einem welthistorischen Augenblick ängstlich in seiner Studierstube geblieben. Er als der Jugendfreund des Legaten Aleander, mit dem er Tisch und Bett in Venedig geteilt, als Respektsperson des Kaisers, als Gesinnungsgenosse der Evangelischen, hätte einzig und allein hier die harte Entscheidung noch aufhalten können. Aber er fürchtet, der ewig Zaghafte, das offene Vortreten, und erst als er die schlimme Nachricht erfährt, begreift er das Unwiederbringliche des versäumten Augenblicks: "Wenn ich selbst dabeigewesen wäre, so hätte ich mein Möglichstes getan, daß diese Tragödie durch maßvolles Verfahren beigelegt worden wäre." Aber welthistorische Stunden lassen sich nicht mehr einholen. Immer hat der Abwesende unrecht. Erasmus hat in dieser Weltstunde nicht den ganzen Einsatz seines Wesens, seiner Kraft, seiner Gegenwart an seine Überzeugung gegeben, darum ist seine erasmische Sache verloren. Luther hat sich völlig eingesetzt mit äußerstem Mut und der ungebrochenen Kraft seines Siegerwillens: darum ward sein Wille zur Tat.

Der Kampf um die Unabhängigkeit

Mit dem Reichstag von Worms, mit dem Bannstrahl der Kirche und der kaiserlichen Acht glaubt Erasmus – und die meisten teilen sein Gefühl – Luthers Reformationsversuch erledigt. Was übrigbleibt, ist offene Rebellion gegen Staat und Kirche, ein neues Albigensertum, Waldenser- oder Hussitentum, das wahrscheinlich gleich grausam vernichtet werden wird, und gerade diese kriegerische Lösung wollte Erasmus vermieden wissen. Sein Traum war es gewesen, reformatorisch die evangelische Lehre der Kirche einzubauen, und solchem Ziele hätte er gerne seinen Beistand geliehen. "Bleibt Luther innerhalb der katholischen Kirche, so will ich gern an seine Seite treten", hatte er öffentlich versprochen. Aber mit einem Ruck und Riß hat sich der Gewalttätige für immer von Rom gelöst. Nun ist es vorbei. "Die Luthertragödie ist zu Ende, ach daß sie nie auf der Bühne erschienen wäre", klagt der enttäuschte Friedensfreund. Ausgelöscht ist der Funke der evangelischen Lehre, versunken der Stern des geistigen Lichts, "actum est de stellula lucis evangelicae". Nun werden die Schergen und die Kanonen entscheiden über die Sache Christi, er selbst aber ist entschlossen, in jedem kommenden Konflikt zur Seite zu treten, er fühlt sich zu schwach für die Größe der Probe. Demütig bekennt er, in einer so ungeheuren und verantwortlichen Entscheidung nicht jene letzte Gottes- und Selbstgewißheit zu besitzen, der sich die andern rühmen: "Mögen denn Zwingli und Bucer den Geist besitzen, Erasmus ist nichts als ein Mensch, er kann die Sprache des Geistes nicht vernehmen." Der Fünfzigjährige, der längst tiefe Einsicht gewonnen hat in die Undurchdringlichkeit der göttlichen Probleme, fühlt sich nicht berufen, Wortführer in diesem Streite zu sein; nur dort will er still und demütig dienen, wo ewige Klarheit herrscht, in der Wissenschaft, in der Kunst. So flüchtet er aus der Theologie, aus der Staatspolitik, aus dem Kirchenzwist in sein Studierzimmer, aus dem Gezänk in das erhabene Schweigen der Bücher; hier kann er der Welt noch nützlich sein. Also zurück in die Zelle, alter Mann, und verhänge die Fenster gegen die Zeit! Laß den andern, die Gottes Ruf in ihren Herzen fühlen, den Kampf und folge der stilleren Aufgabe, die Wahrheit in der lauteren Sphäre der Kunst und der Wissenschaft zu verteidigen. "Fordern auch die verderbten Sitten des römischen Klerus ein außerordentliches Heilmittel, so steht es doch nicht mir und meinesgleichen zu, das Heilgeschäft uns anzumaßen. Lieber dulde ich den Zustand der Dinge, als daß ich neue Unruhe erwecke, deren Richtung oft auf das entgegengesetzte Ziel hinausläuft. Wissentlich war ich und werde ich nie Anführer oder Teilnehmer eines Aufruhrs sein."

Erasmus hat sich zurückgezogen aus dem Kirchenstreit in die Kunst, in die Wissenschaft, in sein eigenes Werk. Er fühlt sich angeekelt von diesem Gekläff und Gezänk der Parteien. "Consulo quieti meae", nur Ruhe will er mehr, das heilige Otium des Künstlers. Aber die Welt hat sich verschworen, ihn nicht ruhen zu lassen. Es gibt Zeiten, in denen Neutralität Verbrechen genannt wird, in politisch erregten Augenblicken verlangt die Welt ein klares Dafür oder Dagegen, lutheranisch oder papistisch. Die Stadt Löwen, in der er wohnt, macht ihm das Friedensverhalten schwer, und während das ganze reformatorische Deutschland Erasmus tadelt, daß er ein zu lauer Lutherfreund sei, feindet ihn hier die streng katholische Fakultät an und nennt ihn den Anstifter der "Lutherpest". Die Studenten, immer die Stoßtruppe jedes Radikalismus, veranstalten lärmende Demonstrationen gegen Erasmus, sie werfen sein Katheder um, gleichzeitig wird auf den Kanzeln von Löwen gegen ihn geeifert, und der Legat des Papstes, Aleander, muß seine ganze Autorität einsetzen, um wenigstens die öffentlichen Beschimpfungen gegen seinen alten Kameraden zu unterdrücken. Mut war nun niemals des Erasmus Sache; so zieht er es vor, zu flüchten statt zu kämpfen. Wie sonst vor der Pest, so flieht er vor dem Haß aus der Stadt, in der er jahrelang sein Werk getan. Hastig packt der alte Nomade seine wenigen Sachen zusammen und geht auf die Wanderschaft. "Ich muß mich in acht nehmen, daß ich von den Deutschen, die jetzt gleich Besessenen sind, nicht zerrissen werde, bevor ich Deutschland verlasse." Immer gerät der Unparteiische in den bittersten Streit.

Erasmus will in keiner ausgesprochen katholischen Stadt mehr wohnen und in keiner reformierten, nur das Neutrale ist ihm schicksalsgemäßer Raum. So sucht er Zuflucht in dem ewigen Hort aller Unabhängigkeit, in der Schweiz. Basel wird nun für viele Jahre die Stadt seiner Wahl; im Mittelpunkt Europas gelegen, still und vornehm, mit sauberen Straßen, mit ruhigen, unleidenschaftlichen Menschen, keinem kriegslüsternen Fürsten Untertan, sondern demokratisch frei, verspricht sie dem unabhängigen Gelehrten die ersehnte Stille. Hier findet er eine Universität und hochgelehrte Freunde, die ihn kennen und ehren, hier Famuli, gefällige Gehilfen für sein Werk, hier Künstler, wie einen Holbein, und vor allem Froben, den Buchdrucker, diesen großen Meister seines Handwerks, mit dem ihn seit Jahren schon gemeinsame erfreuliche Arbeit verbindet. Durch den Eifer seiner Verehrer wird ihm ein bequemes Haus bereitgestellt, zum erstenmal empfindet der ewig Umhergetriebene etwas wie Heimatgefühl in dieser freien und wohnsamen Stadt. Hier kann er dem Geiste leben; also seiner wahren und wirklichen Welt. Nur wo er seine Bücher in Ruhe schreiben kann, nur wo man sie sorgsam druckt, vermag er sich wohl zu fühlen. Basel wird der große Ruhepunkt seines Lebens. Hier hat der ewige Wanderer länger gelebt, als irgendwo sonst, ganze acht Jahre, und im Laufe der Zeit haben sich diese Namen ruhmreich aneinander gebunden: man kann seitdem Erasmus nicht mehr denken ohne Basel und Basel nicht ohne Erasmus.

Hier steht noch heute wohlbehütet sein Haus, hier werden einige der Bildnisse Holbeins bewahrt, die sein Antlitz in die Ewigkeit getragen haben, hier hat Erasmus viele seiner schönsten Schriften geschrieben, vor allem die Colloquia, diese funkelnden lateinischen Dialoge, die, ursprünglich dem kleinen Froben als Lehrstücke zugedacht, ganze Generationen in der Kunst lateinischer Prosa unterwiesen haben. Hier vollendet er die große Ausgabe der Kirchenväter, von hier sendet er Brief um Brief in die Welt; hier, in der Zitadelle der Arbeit verschanzt, schafft er, abseits vom Getümmel, Werk um Werk, und wenn die geistige Welt Europas nach ihrem Führer blickt, so sieht sie nach der alten königlichen Stadt am Rhein hinüber. Basel wird durch Erasmus in jenen Jahren zu einer europäischen geistigen Residenz. Um den großen Gelehrten sammelt sich eine Reihe humanistischer Schüler, wie Oecolampadius und Rhenanus und Amerbach; kein Mann von Bedeutung, kein Fürst und Gelehrter, kein Freund der schönen Künste versäumt, in Frobens Druckerei und im Haus "zum Lufft" seine Aufwartung zu machen, von Frankreich und Deutschland und Italien pilgern die Humanisten heran, um den verehrten Mann am Werke zu sehen. Noch einmal scheint hier in der Stille, während in Wittenberg und Zürich und an allen Universitäten der theologische Streit entbrennt, den Künsten und Wissenschaften ein letztes Refugium geschaffen zu sein.

Aber täusche Dich nicht, alter Mann. Deine wahre Zeit ist vorbei, Dein Acker verwüstet. Der Kampf ist in der Welt, ein Kampf auf Leben und Tod, der Geist ist parteiisch geworden, man schließt sich zusammen zu feindseligen Rotten: der Freie, der Unabhängige, der Abseitige wird nicht mehr geduldet. Ein Weltkampf ist da für oder gegen die evangelische Erneuerung, jetzt hilft es nicht mehr, die Fenster zu verschließen und hinter die Bücher zu flüchten; jetzt, da von einem Ende Europas zum andern Luther die christliche Welt zerrissen hat, geht es nicht an, den Kopf in den Sand zu stecken und weiterhin die kindische Ausflucht zu versuchen, man hätte seine Werke nicht gelesen. Jetzt wütet rechts und links das ewig grauenhafte Zwangswort: "Wer nicht für uns ist, ist gegen uns." Wenn ein Kosmos in zwei Stücke zerfällt, geht der Riß durch jeden einzelnen Menschen; nein, Erasmus, vergeblich bist Du geflüchtet, und mit Feuerbränden wird man Dich herausräuchern aus Deiner Zitadelle. Diese Zeit will Bekenntnis, diese Welt will wissen, wo Erasmus, ihr geistiger Führer, steht, ob für oder gegen Luther, ob für oder gegen den Papst.

Nun hebt ein erschütterndes Schauspiel an. Die Welt will durchaus einen Menschen, der des Kämpfens müde ist, in den Kampf zerren. "Es ist ein Unglück", klagt der Fünfundfünfzigjährige, "daß dieser Weltsturm mich gerade in einem Augenblick überrascht hat, da ich auf eine durch meine viele Arbeit verdiente Rast hoffen konnte. Warum erlaubt man mir nicht, bloß Zuschauer zu sein bei dieser Tragödie, der ich doch so wenig geeignet bin, als Schauspieler mitzuwirken, und da doch so viele andere Leute sich gierig auf die Szene stürzen?" Aber Ruhm wird in solchen kritischen Zeiten zur Verpflichtung und zum Fluch, ein Erasmus ist zu sehr vor die Weltneugier gestellt, sein Wort zu wichtig, als daß die Parteileute zur Rechten und zur Linken auf seine Autorität verzichten wollten; mit allen Mitteln ziehen und zerren die Führer von beiden Seiten, um ihn für ihre Sache zu gewinnen. Sie locken ihn mit Geld und Schmeicheleien, sie höhnen ihn, es mangle ihm an Mut, um ihn aus seinem überklugen Schweigen herauszutreiben, sie schrecken ihn mit der falschen Nachricht, seine Bücher seien in Rom verboten und verbrannt worden, sie fälschen seine Briefe, sie verdrehen seine Worte. In einem solchen Augenblick wird der wahre Wert eines unabhängigen Menschen großartig klar. Denn Kaiser und Könige, drei Päpste und auf der andern Seite Luther, Melanchthon, Zwingli, sie alle werben jetzt um ein zustimmendes Wort des Erasmus. Alles Irdische könnte er erreichen, wenn er beitreten wollte zu einer Partei oder zur andern: er weiß, er könnte "in der ersten Reihe in der Reformation stehen", wenn er sich klar zu ihr bekennen würde, er weiß anderseits: "Ich könnte ein Bistum haben, wenn ich gegen Luther schriebe." Aber gerade vor dieser Unbedingtheit und Einseitigkeit des Bekennens schauert die Ehrlichkeit des Erasmus zurück. Er kann die Papstkirche nicht aufrichtigen Herzens verteidigen, weil er als erster in diesem Streite ihre Mißbräuche gerügt, ihre Erneuerung gefordert, aber auch den Evangelischen will er sich nicht völlig verpflichten, weil sie nicht die Idee seines Friedens-Christus in die Welt tragen, sondern zu wüsten Eiferern geworden sind. "Sie schreien unablässig: Evangelium, Evangelium! Dessen Ausleger wollen sie aber selber sein. Einst machte das Evangelium die Wilden sanft, die Räuber wohltätig, die Händelsüchtigen friedfertig, die Fluchenden zu Segnenden. Diese aber, wie Besessene, fangen allerhand Aufruhr an und reden den Wohlverdienten Böses nach. Ich sehe neue Heuchler, neue Tyrannen, aber nicht einen Funken evangelischen Geistes." Nein, zu keinem von beiden, nicht zum Papst, nicht zu Luther, will Erasmus sich öffentlich als Anhänger bekennen. Nur Frieden, Frieden, Frieden, nur Abseitigkeit und Stille, nur eine die ganze Menschheit fördernde Arbeit! "Consulo quieti meae."

Aber Erasmus' Ruhm ist zu groß, und zu ungebärdig das Warten auf sein Bekenntnis. Aus der ganzen Welt mehren sich die Rufe, er solle vortreten, er solle für sich und für alle das Wort der Entscheidung sprechen. Wie tief im ganzen Bildungskreise der Glaube an ihn als an einen edlen und unbestechlichen Geist verwurzelt ist, besagt ein erschütternder Appell aus der innersten Seele eines großen deutschen Gemüts. Albrecht Dürer hat auf seiner holländischen Reise Erasmus kennengelernt; wenige Monate später, als sich das Gerücht verbreitete, Luther, der Führer der deutschen religiösen Sache sei tot, sieht Dürer in Erasmus den einzigen, der würdig genug wäre, die heilige Sache weiterzutragen, und in der Erschütterung seiner Seele ruft er Erasmus in seinem Tagebuch mit den Worten an: "Erasme Rotterdame, wo wiltu bleiben? Hör, Du Ritter Christi, reit hervor neben dem Herrn Christum, beschütz die Wahrheit, erlang der Martärer Krön! Du bist doch sonst ein altes Männiken, ich hab von Dir selbst gehört, dass Du Dir selbst noch zwei Jahr zugegeben hast, die Du noch taugest etwas zu tun. Dieselben leg wohl an, dem Evangelio und dem wahren christlichen Glauben zu Gott und lass Dich dann hören, so werden der Höllen Pforten, der römisch Stuhl wie Christus sagt, nit wider Dich vermögen ... Oh Erasmus, halt Dich hie, dass ich Gott Dein rühme wie vom David geschrieben stehet, dann Du magst thun und fürwahr, Du magst den Goliath fällen."

So denkt Dürer und mit ihm die ganze deutsche Nation. Aber nicht minder erhofft die katholische Kirche in ihrer Not alles von Erasmus, und der Stellvertreter Christi auf Erden, der Papst, schreibt in einem eigenhändigen Brief eine fast wörtlich gleiche Mahnung: "Tritt hervor, tritt hervor zur Unterstützung der Sache Gottes! Gebrauche Deine herrlichen Gaben zu Gottes Ehre! Denke daran, daß es mit Gottes Hilfe an Dir liegt, wenn ein Großteil derer, welche durch Luther verführt worden sind, wieder auf den rechten Weg kommen, wenn diejenigen, welche noch nicht abgefallen sind, festbleiben und jene, welche dem Falle nahe sind, davor behütet werden!" Der Herr der Christenheit und seine Bischöfe, die Herren der Welt, Heinrich VIII. von England, Karl V. und Franz I. und Ferdinand von Österreich, der Herzog von Burgund und anderseits die Führer der Reformation, alle stehen sie drängend und bittend vor Erasmus, wie dereinst die homerischen Fürsten vor dem Zelt des zürnenden Achilles, damit er von seiner Tatenlosigkeit lasse und in den Kampf ziehe. Die Szene ist großartig; selten in der Geschichte ist so gerungen worden von den Mächtigen dieser Erde um das Wort eines einzelnen geistigen Menschen, selten hat sich die Suprematie der geistigen Macht über die irdische so sieghaft bewährt. Aber hier offenbart sich der geheime Bruch im Wesen des Erasmus. Er sagt all diesen Werbern um seine Gunst kein klares, kein heroisches: "Ich will nicht." Er kann sich nicht aufraffen zu einem offenen, deutlichen Wort, zu einem Nein. Er will mit keiner Partei sein: das ehrt seine innere Unabhängigkeit. Aber leider, er will es sich auch gleichzeitig mit keiner Partei verderben; dies nimmt seiner durchaus richtigen Haltung die Würde. Denn er wagt gegenüber diesen mächtigen Männern, die seine Gönner, Bewunderer und Unterstützer sind, keinen offenen Widerstand, sondern hält sie alle mit undeutlichen Ausreden hin, er divagiert, er laviert, er temporiert, er voltigiert – man muß mit Absicht hier die allerkünstlichsten Worte wählen, um das Künstliche seiner Haltung zu veranschaulichen – er verspricht und verzögert, er schreibt verbindliche Worte, ohne sich zu binden, er schmeichelt und heuchelt, er entschuldigt bald mit Krankheit, bald mit Müdigkeit, bald mit Unzuständigkeit seine Zurückhaltung.

Dem Papst antwortet er mit übertreiblicher Bescheidenheit: Wie? Er, ein so kleiner Geist, er, dessen Bildung unter dem Mittelmaß stünde, solle sich des Ungeheuren unterfangen, die Ketzerei auszurotten? Den König von England vertröstet er von Monat zu Monat, von Jahr zu Jahr und beschwichtigt gleichzeitig auf der Gegenseite Melanchthon und Zwingli durch schmeichlerische Briefe; hundert Ausflüchte findet und erfindet er, andere und immer andere. Aber hinter all diesem unsympathischen Ränkespiel verbirgt sich ein entschlossener Wille: "Wenn einer Erasmus nicht schätzen kann, weil er ihm als ein schwächlicher Christ erscheint, so möge er von mir denken, was er will. Ich kann nicht ein anderer sein, als ich bin. Hat ein anderer von Christus größere Gaben des Geistes und ist selbstsicherer als ich es bin, so möge er sie für den Ruhm Christi gebrauchen. Meiner Geistesart entspricht es mehr, einen stilleren und sicheren Weg zu gehen. Ich kann nicht anders, als Zwiespalt hassen und Frieden und Verständigung lieben, denn ich habe erkannt, wie dunkel alle menschlichen Angelegenheiten sind. Ich weiß, um wieviel leichter es ist, Wirrnis aufzuwühlen, als sie zu beschwichtigen. Und da ich nicht meiner eigenen Vernunft in allen Dingen traue, stehe ich lieber davon ab, mich mit voller Gewißheit über die Geistesart eines anderen auszusprechen. Mein Wunsch wäre, daß alle zusammen für den Sieg der christlichen Sache und des friedlichen Evangeliums kämpfen, und zwar ohne Gewalttätigkeit und nur im Sinne der Wahrheit und Vernunft, daß wir uns verständigten, sowohl in Hinsicht auf die Würde der Priester, als auch für die Freiheit des Volkes, das unser

Herr Jesus frei wünschte. Allen jenen, welche auf dieses Ziel hinwirken nach Maßgabe ihrer besten Kräfte, wird Erasmus gern zur Seite stehen. Aber wenn irgendeiner wünscht, mich in Wirrnis zu verstricken, so soll er mich weder als Führer noch als Gefährten haben."

Erasmus' Entschluß ist unbeugsam: Jahre und Jahre läßt er Kaiser, Könige, Päpste und Reformatoren, Luther, Melanchthon, Dürer, die ganze große kriegerische Welt warten und warten, und keinem einzigen gelingt es, ihm ein entscheidendes Wort abzupressen. Seine Lippen lächeln höflich jedem zu, aber sie bleiben hartnäckig verschlossen für das letzte, entscheidende Wort.

Einer aber ist da, der nicht warten will, ein heißer und ungeduldiger Kriegsmann des Geistes, unbändig entschlossen, diesen gordischen Knoten zu zerhauen: Ulrich von Hutten. Dieser "Ritter gegen Tod und Teufel", dieser Erzengel Michael der deutschen Reformation, hatte zu Erasmus gläubig und liebend wie zu einem Vater aufgeblickt. Leidenschaftlich dem Humanismus ergeben, war des Jünglings sehnlichster Wunsch, "der Alkibiades dieses Sokrates zu werden"; sein ganzes Leben hatte er vertrauensvoll in des Erasmus Hand gelegt, "in summa, so die Götter mich bewahren und Du uns zum Ruhme Deutschlands erhalten bleibst, würde ich alles ablehnen, um mit Dir beisammen bleiben zu können". Erasmus wiederum, für Bewunderung allzeit empfänglich, hatte diesen "einzigartigen Liebling der Musen" auf das herzlichste gefördert, er liebte diesen glühenden jungen Mann, der den unermeßlichen Jubelruf wie eine eiserne Lerche in die Himmel geworfen: "O saeculum, o litterae! Juvat vivere!", dies selig vertrauensvolle: "Es ist eine Lust zu leben!" Er hatte ehrlich und tatwillig gehofft, in diesem jungen Scholaren einen neuen Meister der Weltwissenschaft zu erziehen, aber bald hatte die Politik den jungen Hutten an sich gerissen, ihm wurde die Stubenluft, der Bücherkram des Humanismus allmählich zu eng, zu dumpf. Der junge Ritter und Rittersohn zieht wieder den Fehdehandschuh an, er will nicht mehr nur die Feder führen, sondern auch das Schwert wider Papst und Pfaffentum. Obwohl gekrönt mit dem Lorbeer des lateinischen Dichters, wirft er diese fremde gelehrte Sprache weg, um nur mehr in deutschen Worten die Zeit für das deutsche Evangelium in Waffen zu rufen:

Latein ich vor geschrieben hab
das war eim jeden nicht bekannt
Jetzt schrei ich an das Vaterland.

Aber Deutschland treibt den Verwegenen aus, in Rom will man ihn als Ketzer verbrennen. Gebannt von Haus und Hof, verarmt und vorzeitig gealtert, bis in die Knochen zerfressen von der unheimlichen Franzosenkrankheit, bedeckt mit Schwären, ein halb zerfetztes weidwundes Wild, schleppt sich mit letzten Kräften der kaum Fünfunddreißigjährige nach Basel. Dort wohnt ja sein großer Freund, das "Licht Deutschlands", sein Lehrer, sein Meister, sein Beschützer Erasmus, dessen Ruhm er gekündet, dessen Freundschaft ihn begleitet, dessen Empfehlungen ihn gefördert haben, er, dem er ein Gutteil seiner verschollenen und schon halb zerstörten künstlerischen Kraft dankt. Zu ihm flüchtet dieser dämonisch Getriebene knapp vor dem Untergang, ein Schiffbrüchiger, der, bereits gepackt von der dunklen Welle, nach der letzten Planke greift.

Aber Erasmus – nie hat sich die bedauerliche Ängstlichkeit seiner Seele nackter enthüllt als in dieser erschütternden Probe – läßt den Geächteten nicht in sein Haus. Schon lange ist ihm dieser ewige Zänker und Stänker unangenehm und unbequem, bereits in Löwen, als Hutten ihn aufforderte, man solle den Pfaffen offenen Krieg erklären, hatte er schroff abgelehnt: "Meine Aufgabe ist, die Sache der Bildung zu fördern." Er will mit diesem Fanatiker, der die Dichtung der Politik geopfert hat, mit diesem "Pylades Luthers", nichts zu schaffen haben, zumindest nicht öffentlich und am wenigsten in dieser Stadt, wo hundert Späher ihm ins Fenster sehen. Erasmus hat Furcht vor diesem erbärmlich gejagten, halb totgehetzten Menschen, er hat dreifache Furcht, erstens, daß dieser Pestbringer – nichts hat ja Erasmus so sehr gefürchtet wie Ansteckung – die Bitte tun könne, in seinem Hause zu wohnen, zweitens, daß dieser "egens et omnibus rebus destitutus", dieser Bettler und von allem Besitz Entblößte, ihm dann dauernd zur Last fiele, und drittens, daß dieser Mann, der den Papst beschimpft und die deutsche Nation zum Pfaffenkrieg aufgereizt hat, seine eigene sichtbar zur Schau getragene Unparteilichkeit kompromittieren würde. So wehrt er Huttens Besuch in Basel ab, und zwar, seiner Art gemäß, nicht mit einem offenen und entschiedenen: "Ich will nicht", sondern unter nichtigen und kleinlichen Vorwänden, er könne wegen seines Steinleidens und seiner Koliken Hutten, der Stubenwärme benötigt, nicht in einem geheizten Zimmer empfangen, ihm selbst sei aber jeder Ofendunst unerträglich, – eine klare oder vielmehr klägliche Ausflucht.

Nun begibt sich vor den Augen der ganzen Welt ein beschämendes Schauspiel. In Basel, der damals noch kleinen Stadt mit insgesamt vielleicht hundert Straßen und zwei oder drei Plätzen, wo jeder den andern kennt, hinkt wochenlang ein erbarmungswürdiger Kranker, Ulrich von Hutten, der große Dichter, der tragische Landsknecht Luthers und der deutschen Reformation, auf den Gassen und in den Wirtshäusern herum, und immer wieder an dem Haus vorbei, wo sein einstiger Freund wohnt, der erste Förderer und Erwecker ebenderselben evangelischen Sache. Manchmal steht er auf dem Marktplatz und schaut zornigen Blicks hinüber zur verriegelten Tür, zu den ängstlich zugetanen Fenstern des Mannes, der ihn einstmals als den "Neuen Lukian", als den großen satirischen Dichter der Zeit begeistert der Welt verkündigt. Hinter den unbarmherzig verschlossenen Fensterläden wieder, wie eine Schnecke im Haus, sitzt Erasmus, das alte dünne Männchen, und kann es nicht erwarten, daß dieser Störenfried, dieser lästige Landstreicher endlich wieder seine Stadt verlasse. Unterirdisch gehen Botschaften hin und her, denn immer noch wartet Hutten, ob die Tür sich nicht auftun wolle, die alte Freundeshand sich nicht endlich helfend seinem Elend entgegenstrecken. Aber Erasmus schweigt und wehrt mit schlechtem Gewissen ab, vorsorglich versteckt er sich in seinem Haus.

Schließlich reist Hutten ab, vergifteten Bluts und nun auch vergifteten Herzens. Er reist hinüber nach Zürich zu Zwingli, der ihn furchtlos empfängt. Von Krankenbett zu Krankenbett schleppt er sich mühsam weiter, nur mehr einige Monate wird es währen, bis man sein einsames Grab auf der Insel Ufenau rüstet. Aber ehe er stürzt, hebt dieser schwarze Ritter ohne Furcht und Tadel zum letztenmal das schon halb zerbrochene Schwert, um wenigstens mit dem Stumpf noch Erasmus tödlich zu treffen, er, der Bekenner, den Übervorsichtigen, der sich nicht bekennen will. Mit einer furchtbaren Zornschrift – Expostulatio cum Erasmo – fällt er den einstigen Freund, den einstigen Führer an. Er zeiht ihn vor der ganzen Welt unersättlicher Ruhmsucht, die ihn neidisch mache auf die wachsende Macht eines andern (dies sein Hieb in Sachen Luthers), er beschuldigt ihn erbärmlicher Unzuverlässigkeit, schmäht seine Gesinnung und schreit erbittert über die ganze deutsche Erde, Erasmus habe die nationale, die lutherische Sache, obwohl ihr innerlich zugehörig, im Stich gelassen und schmählich verraten. Vom Totenbett ruft er mit glühenden Worten Erasmus auf, er möge die evangelische Lehre, da er nicht Mut genug habe, sie zu verteidigen, wenigstens offen angreifen, denn man fürchte ihn in den Reihen der Evangelischen längst nicht mehr: "Gürte Dich, die Sache ist reif geworden zur Tat, und eine Aufgabe, würdig Deines vorgeschrittenen Alters. Nimm alle Stärke zusammen und wende sie ans Werk. Du wirst Deine Gegner gewappnet finden. Die Partei der Lutheraner, die Du von der Erde verjagen möchtest, wartet auf den Kampf und wird ihn Dir nicht verweigern." In tiefer Erkenntnis des geheimen Zwiespalts in Erasmus sagt Hutten seinem Gegner voraus, er werde einem solchen Kampf nicht gewachsen sein, weil sein Gewissen doch in vielen Dingen Luthers Lehre recht gebe. "Ein Teil von Dir wird sich nicht so sehr gegen uns richten als gegen Deine eigenen früheren Schriften. Du wirst genötigt sein, Dein Wissen gegen Dich selbst zu wenden und beredsam gegen Deine einstige Beredsamkeit zu sein. Deine eigenen Schriften werden sich gegenseitig bekämpfen."

Erasmus spürt sofort die Härte des Schlags. Bisher hatten nur kleine Leute gegen ihn gekläfft. Ab und zu hatten verärgerte Skribenten ihm kleine Übersetzungsfehler nachgewiesen, Schleuderhaftigkeiten und unrichtige Zitate; schon diese ungefährlichen Wespenstiche hatten den Empfindlichen unruhig gemacht. Hier aber wird er zum erstenmal angefallen von einem wirklichen Gegner, angefallen und herausgefordert vor ganz Deutschland. Im ersten Schrecken versucht er, den Druck von Huttens Schrift, die zunächst nur im Manuskript kursiert, zu unterdrücken, aber als ihm dies nicht gelingt, greift er zornig zur Feder und antwortet mit seinem "Spongia adversus aspergines Hutteni" (um mit dem Schwamm die Anwürfe Huttens wegzuwischen). Hart auf hart schlägt er zurück und scheut auch in diesem erbitterten Kampf nicht, unter den Gürtel zu zielen, wo er Hutten verwundet und schon tödlich getroffen weiß. In vierhundertvierundzwanzig einzelnen Paragraphen widerlegt er jeden einzelnen Anwurf, um schließlich – immer ist Erasmus groß, wenn es um sein Entscheidendes, um die Unabhängigkeit geht – ein mächtiges und klares Bekenntnis abzugeben: "In so vielen Büchern, in so vielen Briefen und in so vielen Disputen habe ich unbeugsam erklärt, daß ich nicht in irgendeine Parteisache gemengt werden will. Wenn Hutten mir zürnt, weil ich Luther nicht so unterstütze, wie er es wünschte, so habe ich schon vor drei Jahren öffentlich erklärt, daß ich dieser Partei völlig fremd bin und es bleiben will; ja sogar, daß ich nicht nur selbst außen bleibe, sondern auch alle meine Freunde zu dieser Haltung ermuntere. In diesem Sinne werde ich nicht wankend werden. Ich verstehe unter Partei das völlige Eingeschworensein auf alles, was Luther geschrieben hat oder schreibt oder jemals schreiben wird: eine solche Art völliger Selbstpreisgabe kommt manchmal bei ausgezeichneten Menschen vor, ich aber habe öffentlich allen meinen Freunden erklärt, daß, wenn sie mich nur als unbedingten Lutheraner heben könnten, sie von mir denken mögen, was sie wollen. Ich liebe die Freiheit, ich will und kann niemals einer Partei dienen."

Der scharfe Gegenhieb hat Hutten nicht mehr getroffen. Als die zornige Schrift des Erasmus die Druckpresse verläßt, ruht Hutten, der ewige Kämpfer, schon im ewigen Frieden, und mit lindem Rauschen umspült der Zürichsee sein einsames Grab. Der Tod hat Hutten besiegt, ehe der tödliche Schlag des Erasmus ihn erreichte. Aber sterbend ist Hutten, dem großen Besiegten, noch ein letzter Sieg gelungen: er hat erzwungen, was Kaiser und Könige, was Papst und Klerus mit all ihrer Macht nicht vermochten; er hat mit der Beize seines Spottes Erasmus aus seinem Fuchsbau herausgeräuchert. Denn öffentlich herausgefordert, vor der Welt der Ängstlichkeit und Wankelmütigkeit beschuldigt, muß Erasmus jetzt dartun, daß er eine Auseinandersetzung mit diesem mächtigsten aller Gegner, mit Luther, nicht scheut; er muß Farbe bekennen, er muß Partei nehmen. Schweren Herzens geht Erasmus ans Werk, der alte Mann, der nichts anderes mehr als seinen Frieden will und sich nicht darüber täuscht, daß die lutherische Sache längst zu gewaltig geworden ist, um mit einem Federkiel noch niedergedrückt zu werden. Er weiß, er wird niemand überzeugen, er wird nichts ändern und nichts bessern. Ohne Lust, ohne Freude zieht er in den ihm aufgezwungenen Kampf. Aber er kann nicht mehr zurück. Und als er die Schrift gegen Luther endlich 1524 dem Drucker übergibt, seufzt er erleichtert auf: "Alea iacta est", "Der Würfel ist gefallen!"

Die große Auseinandersetzung

Der literarische Klatsch ist nicht Eigenheit einer bestimmten Zeit, sondern aller Zeiten; auch im sechzehnten Jahrhundert, da die Geistigen nur dünn und scheinbar unverbunden über die Länder verstreut sind, bleibt nichts geheim in diesem ewig neugierigen, engmaschigen Kreis. Noch ehe Erasmus die Feder ansetzt, noch ehe überhaupt gewiß ist, ob und wann er sich zum Kampf stellen wird, weiß man bereits in Wittenberg, was in Basel geplant wird. Luther hat längst schon mit diesem Angriff gerechnet. "Die Wahrheit ist mächtiger als die Beredsamkeit", schreibt er bereits 1522 an einen Freund, "der Glaube größer als die Gelehrsamkeit. Ich werde Erasmus nicht herausfordern, noch gedenke ich, wenn er mich angreifen sollte, sogleich zurückzuschlagen. Jedoch scheint es mir nicht ratsam, daß er die Kräfte seiner Beredsamkeit gegen mich richte ... sollte er es dennoch wagen, so würde er erfahren, daß Christus sich weder vor den Pforten der Hölle noch vor den Mächten der Luft fürchtet. Ich will dem berühmten Erasmus entgegentreten und nichts geben auf sein Ansehen, seinen Namen und Stand."

Dieser Brief, der selbstverständlich bestimmt ist, Erasmus mitgeteilt zu werden, enthält eine Drohung, oder vielmehr eine Warnung. Hinter den Worten spürt man, daß Luther in seiner schwierigen Lage einen Federdisput lieber vermeiden möchte, und auf beiden Seiten greifen jetzt Freunde vermittelnd ein. Sowohl Melanchthon wie Zwingli suchen um der evangelischen Sache willen zwischen Basel und Wittenberg noch einmal Frieden zu stiften, und schon scheint ihr Bemühen auf bestem Wege. Da entschließt sich Luther unvermuteterweise, selbst an Erasmus das Wort zu richten.

Aber wie hat sich der Ton geändert seit den wenigen Jahren, da Luther mit höflicher und überhöflicher Demut an den "großen Mann" mit der Verbeugung eines Schülers herantrat! Das Bewußtsein welthistorischer Stellung, das Gefühl seiner deutschen Sendung verleiht jetzt seinen Worten ein erzenes Pathos. Was bedeutet ein Feind mehr für Luther, der bereits gegen Papst und Kaiser und gegen alle Mächte der Erde im Kampf steht? Er ist des heimlichen Spieles satt. Er will nicht Ungewißheit und laues Paktieren. "Ungewisse, zweifelhafte, wankende Wort und Rede soll man weidlich panzerfegen, durch die Rolle laufen lassen, flugs zausen und nicht gut sein lassen." Luther will Klarheit. Zum letztenmal streckt er Erasmus die Hand hin, aber schon ist sie mit dem Eisenhandschuh bewehrt.

Die ersten Worte klingen noch höflich und zurückhaltend: "Ich habe nun lange genug stille gesessen, mein lieber Herr Erasmus, und ob ich wohl gewartet habe, ob Ihr als der Größere und Ältere zuerst dem Stillschweigen ein Ende bereitet, so drängt mich doch nach langem Warten die Liebe, den Anfang im Schreiben zu machen. Auf das erste habe ich nichts einzuwenden, daß Ihr Euch fremd gegen uns eingestellet, damit Euer Handeln den Papisten gut dünke ..." Aber dann bricht mächtig und beinahe verächtlich der innere Unmut gegen den Zauderer durch: "Denn weil wir sehen, daß Euch vom Herrn eine solche Standhaftigkeit, ein solcher Mut und Sinn noch nicht gegeben ist, daß Ihr den Kampf gegen dies Ungeheuer billigt und getrost an unserer Seite ihm entgegengehet, so wollen wir nicht von Euch verlangen, was über das Maß meiner eigenen Kräfte ist ... Ich hätte aber lieber gesehen, Ihr hättet Euch mit Hintansetzung Eurer Gaben in unseren Handel nicht eingemischt, denn obwohl Ihr mit Eurem Stand und Eurer Beredsamkeit viel hättet erreichen können, so wäre es doch, da Euer Herz nicht mit uns ist, besser, Ihr dientet Gott nur mit dem Euch anvertrauten Pfund." Er bedauert des Erasmus Schwäche und Zurückhaltung, schließlich aber schleudert er das entscheidende Wort hin, die Wichtigkeit dieses Handelns sei längst über Erasmus' Ziel hinaus, und es bedeute keine Gefahr für ihn mehr, wenn er, Erasmus, auch mit aller Gewalt gegen ihn auftrete, und noch weniger, wenn er nur ab und zu ihn etwas stichle und schmähe. Herrisch und fast befehlshaberisch fordert Luther Erasmus auf, sich aller "beißenden, rhetorischen und verblümten Rede zu enthalten", und vor allem, wenn er nichts anderes tun könne, "nur Zuschauer unserer Tragödie zu bleiben" und sich nicht den Widersachern Luthers beizugesellen. Er solle ihn nicht mit Schriften angreifen, so wie er, Luther, seinerseits nichts gegen ihn unternehmen wolle. "Es ist nun einmal genug gebissen, wir müssen nun zusehen, daß wir uns nicht untereinander verzehren und aufreiben."

Einen Brief dieser hochfahrenden Art hat Erasmus, der Herr des humanistischen Weltreichs, noch von niemandem empfangen, und trotz aller inneren Friedfertigkeit ist der alte Mann nicht gewillt, sich von demselben Mann, der früher einmal demütig seinen Schirm und Schutz erbeten, dermaßen von oben herab abkanzeln und als gleichgültigen Schwätzer behandeln zu lassen. "Ich habe besser für das Evangelium gesorgt", antwortet er stolz, "als viele, welche sich jetzt mit dem Evangelium brüsten. Ich sehe, daß diese Erneuerung viel verderbte und aufrührerische Menschen erzeugt hat, und ich sehe, daß es mit den schönen Wissenschaften den Krebsgang geht, daß Freundschaften zerrissen werden, ich fürchte, daß ein blutiger Aufruhr entstehen wird. Mich aber wird nichts veranlassen, das Evangelium menschlichen Leidenschaften preiszugeben." Mit Nachdruck erwähnt er, wieviel Dank und Beifall er bei den Mächtigen gefunden hätte, wenn er bereit gewesen wäre, gegen Luther aufzutreten. Aber vielleicht nütze man wirklich mehr dem Evangelium, wenn man gegen Luther das Wort nehme, an Stelle der Törichten, die sich so laut für ihn einsetzten und um derentwillen es nicht anginge, "bloß Zuschauer dieser Tragödie zu bleiben". Die Unbeugsamkeit Luthers hat den schwankenden Willen des Erasmus erhärtet: "Möge es nur nicht wirklich ein tragisches Ende nehmen", seufzt er in düsterer Ahnung auf. Und dann greift er zur Feder, seiner einzigen Waffe.

Erasmus ist sich vollkommen bewußt, welchem riesenhaften Gegner er entgegentritt, er weiß vielleicht im tiefsten sogar um die kämpferische Überlegenheit Luthers, der mit seiner Zornkraft bisher jeden Widersacher zu Boden geschlagen. Aber die eigentliche Stärke des Erasmus besteht darin, daß er – seltenster Fall bei einem Künstler – seine eigene Grenze kennt. Er weiß, dieses geistige Turnier spielt sich ab vor den Augen der ganzen gebildeten Welt, alle Theologen und Humanisten Europas warten mit leidenschaftlicher Ungeduld auf dies Schauspiel: so gilt es, eine uneinnehmbare Position zu suchen, und Erasmus wählt sie meisterhaft, indem er nicht unbedacht gegen Luther und die ganze evangelische Lehre anrennt, sondern mit wirklichem Falkenauge einen schwachen oder zumindest verwundbaren Einzelpunkt des lutherischen Dogmas für seinen Angriff erspäht: er wählt eine scheinbar nebensächliche Frage, aber in Wirklichkeit eine Kernfrage in Luthers noch ziemlich schwankem und unsicherm theologischen Lehrgebäude. Selbst der Hauptbeteiligte, selbst Luther wird "sehr loben und preisen" müssen, "daß Du von allen meinen Widersachern allein den Kern der Sache erfaßt hast; Du bist einzig und allein der Mann gewesen, der den Nerv der ganzen Sache ersehen hat und in diesem Kampf hart an die Gurgel gegriffen". Erasmus hat mit seinem außerordentlichen Kunstverstand sich für diesen Zweikampf statt des festen Standpunktes einer Überzeugung lieber den dialektisch glatten Boden einer theologischen Frage gewählt, auf dem ihn dieser Mann der eisernen Faust nicht völlig zu Boden schlagen kann und wo er sich von den größten Philosophen aller Zeiten unsichtbar geschirmt und gedeckt weiß.

Das Problem, das Erasmus zum Zentrum der Auseinandersetzung macht, ist ein ewiges jedweder Theologie: die Frage nach der Freiheit oder Unfreiheit des menschlichen Willens. Für Luthers augustinisch strenge Prädestinationslehre bleibt der Mensch ewig der Gefangene Gottes. Kein Jota freien Willens ist ihm zuteil, jede Tat, die er tut, ist Gott längst vorbewußt und von ihm vorgezeichnet; durch keine guten Werke, durch keine bona opera, durch keine Reue kann also sein Wille sich erheben und befreien aus dieser Verstrickung vorgelebter Schuld, einzig der Gnade Gottes ist es anheimgestellt, einen Menschen auf den rechten Weg zu führen. Eine moderne Auffassung würde übersetzen: wir seien in unserem Schicksal gänzlich von der Erbmasse, von der Konstellation beherrscht, nichts also vermöge der eigene Wille, sofern Gott nicht in uns will – auf goethisch gesagt:

"aller Wille
Ist nur ein Wollen, weil wir eben sollten,
Und vor dem Willen schweigt die Willkür stille ..."

Einer solchen Anschauung Luthers kann Erasmus, der Humanist, der in der irdischen Vernunft eine heilige und von Gott gegebene Macht erblickt, nicht beipflichten. Er, der unerschütterlich glaubt, daß nicht nur der einzelne Mensch, sondern die ganze Menschheit durch einen redlichen und geschulten Willen sich zu immer höherer Sittlichkeit zu entfalten vermöge, muß einem solchen starren und fast mohammedanischen Fatalismus im tiefsten widerstreben. Aber Erasmus wäre nicht Erasmus, sagte er zu irgendeiner gegnerischen Meinung ein schroffes und grobes Nein; hier wie überall lehnt er nur den Extremismus ab, das Schroffe und Unbedingte an Luthers deterministischer Auffassung. Er selbst habe, sagte er in seiner vorsichtig pendelnden Art, "keine Freude an festen Behauptungen", er neige persönlich immer zum Zweifel, aber gern unterwerfe er sich in solchen Fällen den Worten der Schrift und der Kirche. In der Heiligen Schrift wiederum seien diese Auffassungen geheimnisvoll und nicht ganz ergründlich ausgedrückt, darum finde er es auch gefährlich, so resolut wie Luther die Freiheit des menschlichen Willens vollkommen zu leugnen. Er nenne keineswegs Luthers Auffassung völlig falsch, aber er wehre sich gegen das "non nihil", gegen die Behauptung, daß alle guten Werke, die ein Mensch tue, vor Gott gar keine Wirkung hätten und deshalb völlig überflüssig seien. Wenn man, wie Luther, alles einzig der Gnade Gottes anheimstelle, was hätte es dann für die Menschen überhaupt noch für einen Sinn, Gutes zu tun? Man solle also, schlägt er als ewiger Vermittler vor, dem Menschen wenigstens die Illusion des freien Willens lassen, damit er nicht verzweifle und ihm Gott nicht als grausam und ungerecht erscheine. "Ich schließe mich der Meinung derer an, die einiges dem freien Willen anheimstellen, aber einen großen Teil der Gnade, denn wir sollen der Scylla des Stolzes nicht auszuweichen suchen, um in die Charybdis des Fatalismus gerissen zu werden."

Man sieht, selbst im Streit kommt Erasmus, der Friedfertige, seinen Gegnern auf das äußerste entgegen. Er mahnt auch bei diesem Anlaß, man möge nicht die Wichtigkeit solcher Diskussionen überschätzen und sich selber fragen, "ob es richtig sei, um einiger paradoxer Behauptungen willen den ganzen Erdkreis in Aufruhr zu setzen". Und wirklich, würde Luther ihm nur ein Quentchen nachgeben, nur um einen Schritt ihm entgegenkommen, so hätte auch dieser geistige Zwist in Frieden und Eintracht geendet. Aber Erasmus erhofft nachgiebiges Verständnis von der eisernsten Stirn des Jahrhunderts, von einem Mann, der in Dingen des Glaubens und der Überzeugung auch auf dem Scheiterhaufen noch keinen Buchstaben und kein Jota preisgeben würde, der als geborener und geschworener Fanatiker lieber zugrunde ginge oder die Welt zugrunde gehen ließe, als von dem winzigsten und gleichgültigsten Paragraphen seiner Lehre nur einen Zoll breit zu lassen.

Luther antwortet Erasmus nicht sofort, obwohl den Zornmütigen der Angriff auf das erbittertste reizt: "Während ich mir mit den andern Büchern, um mit Züchten zu reden, den H... ausgewischt habe, habe ich diese Schrift des Erasmus ausgelesen, doch so, daß ich gedachte, sie hinter die Bank zu werfen", sagt er in seiner hanebüchenen Weise; aber in diesem Jahre 1524 ist ihm Wichtigeres und Schwereres auferlegt als eine theologische Diskussion. Das ewige Schicksal jedes Revolutionärs beginnt sich an ihm zu erfüllen, daß nun auch er, der eine neue Ordnung für die alte setzen wollte, chaotische Kräfte entfesselt und in Gefahr gerät, mit seinem Radikalismus von noch Radikaleren überrannt zu werden. Luther hatte die Freiheit des Wortes und des Bekenntnisses gefordert, nun fordern sie auch andere für sich: die Zwickauer Propheten, Karlstadt, Münzer, alle diese "Schwarmgeister", wie er sie nennt, auch sie sammeln sich im Namen des Evangeliums zum Aufruhr gegen Kaiser und Reich; Luthers eigene Worte gegen Adel und Fürsten werden bei den bündischen Bauernscharen zu Spieß und Morgenstern, aber wo Luther nur eine geistige, eine religiöse Revolution gewünscht, fordert jetzt die gepreßte Bauernschaft eine soziale und eine klar kommunistische. An Luther wiederholt sich in diesem Jahr die geistige Tragödie des Erasmus, daß aus seinem Worte mehr Weltgeschehen wird, als er selber gewollt, und so wie er jenen wegen seiner Lauheit gescholten, so schmähen ihn jetzt die Bundschuhleute und Klosterstürmer und Bilderverbrenner als einen "neuen papistischen Sophisten, Erzheiden und Erzbuben", des "Antichrist nachgeborenen Freund", als "das hochmütige Fleisch zu Wittenberg". Erasmisches Schicksal: was er im geistigen und geistlichen Sinn gemeint, wird von der breiten Masse und ihren noch fanatischeren Führern, wie er selbst sagt, im "fleischlichen", im grob agitatorischen Sinne verstanden. Ewige Konstellation einer Revolution, daß eine Welle die andere überflutet: stellt Erasmus die Girondisten dar, so Luther die Robespierristen, Thomas Münzer und die Seinen die Maratisten. Er, der unbestrittener Führer gewesen, muß auf einmal gegen zwei Fronten kämpfen, gegen die zu Lauen und zu Wilden, und muß die Verantwortung tragen für die soziale Revolution, für diesen furchtbarsten und blutigsten Aufstand, den Deutschland seit Jahrhunderten erlebt. Denn seinen Namen trägt die Bauernschar im Herzen, einzig sein Aufruhr und Erfolg gegen Kaiser und Reich hat allen diesen niedern Aufrührern den Mut gegeben, sich gegen ihre Grafen und Zwingherren zu erheben. "Wir ernten jetzt die Frucht Deines Geistes", kann Erasmus ihm nun mit Recht zurufen, "Du erkennst die Aufrührer nicht an, aber sie erkennen Dich an ... Du widerlegst die allgemeine Überzeugung nicht, daß zu diesem Unheil Anlaß gegeben wurde durch Deine Bücher, zumal die in deutscher Sprache verfaßten."

Furchtbare Entscheidung für Luther: soll er, der im Volk wurzelt und lebt und gegen die Fürsten gelockt hat, jetzt die Bauernschaft verleugnen, die in seinem Sinne und im Namen des Evangeliums für Freiheit kämpft, oder den Fürsten abtrünnig werden? Zum erstenmal (denn seine Stellung ist über Nacht der des Erasmus sehr ähnlich geworden) versucht er erasmisch zu handeln. Er mahnt die Fürsten zur Nachsicht, er mahnt die Bauernschaft, "den christlichen Namen nicht zum Schanddeckel Eures unfriedlichen, ungeduldigen und unchristlichen Fürnehmens zu machen". Aber unerträglich für einen Mann seines Selbstbewußtseins – das grobe Volk hört nicht mehr auf ihn, sondern lieber auf jene, die am meisten versprechen, auf Thomas Münzer und die kommunistischen Theologen. Schließlich muß er sich entscheiden, denn diese zügellose Erhebung kompromittiert sein Werk, und er erkennt, daß dieser innerdeutsche soziale Krieg ihm seinen eigenen geistigen Krieg gegen das Papsttum stört. "Wo mir diese aufrührerischen Mordgeister mit ihren Bauern nicht im Garn gefischt hätten, so sollte es jetzt wohl anders stehen mit dem Papsttum." Und wenn es um sein Werk geht und um seine Sendung, kennt Luther kein Zögern. Selber Revolutionär, muß er Partei nehmen gegen die deutsche Bauernrevolution, und wenn Luther Partei nimmt, so kann er es nur als Extremist tun, in der wütendsten, einseitigsten, wildesten Art. Von allen seinen Schriften ist diese Schrift aus der Zeit seiner größten Gefahr, das Pamphlet gegen die deutschen Bauern, die fürchterlichste und blutrünstigste. "Wer auf fürstlicher Seite umkommt", predigt er, "wird seliger Märtyrer, wer drüben fällt, fährt zum Teufel, darum soll hie zuschmeißen, würgen und stechen, heimlich und öffentlich, wer da kann, und gedenken, daß nichts Giftigers, Schädlichers, Teuflischers sein kann denn ein aufrührerischer Mensch." Schonungslos nimmt er für allezeit die Partei der Obrigkeit gegen das Volk. "Der Esel will Schläge haben und der Pöbel will mit Gewalt regiert werden." Kein gütiges Wort der Milde, der Gnade findet dieser berserkerische Kämpfer, als mit scheußlichster Grausamkeit die siegreiche Ritterschaft gegen die jämmerlich Unterlegenen wütet, kein Mitleid hat dieser genialische, aber in seinem Zorn maßlose Mensch mit den unzähligen Opfern, von denen Tausende im Vertrauen auf seinen Namen und auf seine aufrührerische Tat gegen die Ritterburgen gezogen waren. Und mit einem grausigen Mut bekennt er am Ende, da die Felder Württembergs mit Blut gedüngt sind: "Ich, Martin Luther, habe im Aufruhr alle Bauern erschlagen, denn ich habe sie heißen totschlagen: all ihr Blut ist auf meinem Hals."

Dieser Furor, diese fürchterliche Haßkraft steckt noch in seiner Feder, da er sie gegen Erasmus wendet. Den theologischen Exkurs an sich hätte er Erasmus vielleicht noch verziehen, aber die begeisterte Aufnahme, welche dieser Aufruf zur Mäßigung im ganzen Raum der humanistischen Welt empfängt, reizt seinen Groll zur Raserei. Luther erträgt nicht den Gedanken, daß seine Feinde jetzt ihr Triumphlied anstimmen. "Saget mir, wo ist der große Makkabäus, wo ist er, der so fest über seiner Lehre stand?" Nicht nur antworten will er jetzt, da die Bauernsorge ihn nicht mehr drückt, dem Erasmus, sondern ihn völlig zerschmettern. Bei Tisch, vor seinen versammelten Freunden, kündigt er seine Absicht mit den fürchterlichen Worten an: "Darum gebiete ich Euch auf Gottes Befehl, Ihr wolltet dem Erasmus Feind sein und Euch vor seinen Büchern hüten. Ich will gegen ihn schreiben, sollt ihr gleich darüber sterben und verderben; den Satan will ich mit der Feder töten", und beinahe stolz fügt er bei, "wie ich Münzern getötet habe, dessen Blut liegt auf meinem Hals."

Aber auch in seinem Zorn und gerade wenn das Blut ihm am heißesten in den Adern kocht, bewährt sich Luther als großer Künstler, als Genie der deutschen Sprache. Er weiß, welchen großen Gegner er angeht, und in diesem Bewußtsein der Verpflichtung ist sein Werk selber groß geworden, nicht eine kleine kämpferische Schrift, sondern ein Buch, gründlich, umfangreich, blitzend von Bildern und rauschend von Leidenschaft, ein Buch, das neben seiner theologischen Gelehrsamkeit auch, großartiger als die meisten, seine dichterische, seine menschliche Gewalt bekundet. "De servo arbitrio", der Traktat von der Knechtschaft des Willens, gehört zu den mächtigsten Streitschriften dieses kriegerischen Mannes und die Auseinandersetzung mit Erasmus zu den bedeutendsten Diskussionen, die jemals im deutschen Denkraum zwischen zwei Männern gegensätzlichster Natur, aber gewaltigsten Maßes durchkämpft wurden. Wie abseitig auch heute der Gegenstand für unser Gegenwartsgefühl geworden sein mag; durch die Größe der Gegner ist dieser Kampf ein geistiges Ereignis der Weltliteratur geblieben.

Ehe Luther losschlägt, ehe er den Helm festbindet und den Speer auflegt zum mörderischen Stoß, hebt er für einen Augenblick, aber nur für einen Augenblick, das Schwert zu höflichem und flüchtigem Gruß. "Ich gebe Dir selbst viel hohe Ehr und Preis, wie ich ihn keinem sonst gegeben habe." Er bekennt ehrlicherweise, daß Erasmus ihn "gelinde und allenthalben sänftiglich behandelt habe", er gibt zu, daß er als einziger von allen seinen Gegnern "den Nerv dieser ganzen Sache ersehen habe". Aber nachdem er sich diesen Salut abgezwungen, ballt Luther entschlossen die Faust, wird grob und ist damit in seinem eigensten Element. Er antworte Erasmus überhaupt nur, "weil Paulus befiehlt, unnützen Schwätzern das Maul zu stopfen ". Und jetzt prasselt Hieb auf Hieb nieder. Mit prachtvoller, echt lutherischer Bildkraft hämmert er auf Erasmus los, daß er "allenthalben auf Eiern gehe und keines zertreten wolle, zwischen Gläser trete und keines anrühre". Er höhnt, "Erasmus wolle nichts fest behaupten und behaupte doch ein solches Urteil über uns; das heißt aus kleinem Regen laufen und gar in den Teich rennen". Mit einem Riß enthüllt er den Gegensatz zwischen Erasmus' schleicherischer Bedächtigkeit und seiner eigenen eindeutigen Geradheit und Unbedingtheit. Jener erachte "leiblichen Friedens Gemach und Ruhe höher denn den Glauben", während er selber bereit sei zu bekennen, "wenn auch gleich die ganze Welt sollt nicht allein zu Unfrieden werden, sondern ganz versinken und in Trümmer gehen". Und wenn Erasmus in seiner Schrift klug zur Vorsicht mahnt und auf die Dunkelheit mancher Bibelstellen hinweist, die kein irdischer Mensch mit voller Sicherheit und Verantwortung auslegen könne, schreit ihm Luther das Bekenntnis entgegen: "Ohne Gewißheit gibt es kein Christentum.

Ein Christ soll seiner Lehre und seiner Sache gewiß sein oder er ist kein Christ nit." Wer zögere, lau oder zweiflerisch sei in Glaubensdingen, der solle ein für allemal die Hand lassen von der Theologie. "Der Heilige Geist ist kein Skeptikus", donnert er ihn an, "er hat nit einen ungewissen Wahn in unsere Herzen geschrieben, sondern eine kräftige Gewißheit." Mit Hartnäckigkeit beharrt Luther auf seinem Standpunkt, daß der Mensch nur gut sei, wenn er Gott in sich trage, und schlecht, wenn der Teufel ihn reite, sein eigener Wille aber bleibe wesenlos und gegen die unausweichliche und unabänderliche Vorsehung Gottes machtlos. Allmählich wächst über das Einzelproblem aus diesem einzelnen Anlaß ein viel größerer Gegensatz empor; wie eine Wasserscheide trennt, gemäß ihrem Temperament, diese beiden Erneuerer der Religion ihre völlig verschiedene Auffassung von Christi Wesen und Sendung. Für Erasmus, den Humanisten, ist Christus der Verkünder aller Menschlichkeit, der Göttliche, der sein Blut hingegeben hat, um alles Blutvergießen und allen Zwist aus der Welt zu schaffen; Luther wieder, der Landsknecht Gottes, pocht auf das Wort des Evangeliums, daß Christus gekommen sei, "nicht um Frieden zu fordern, sondern das Schwert". Wer Christ sein will, sagt Erasmus, muß in seinem Sinn friedliebend und nachsichtig sein; wer Christ ist, antwortet der unbeugsame Luther, darf nie und niemals nachgeben, sofern es sich um Gottes Wort handelt, und sollte darüber auch die ganze Welt zuschanden werden. Das Wort, das er vor Jahren an Spalatin geschrieben, ist sein Lebenswort: "Meine ja nicht, daß die Sache ohne Tumult, Ärgernis und Auflehnung durchgefochten werden könne. Aus einem Schwert kannst Du keine Feder machen und aus Krieg keinen Frieden. Das Wort Gottes ist Krieg, ist Ärgernis, ist Untergang, ist Gift: wie ein Bär am Wege und eine Löwin im Wald tritt es entgegen den Söhnen Ephraims." Heftig weist er darum Erasmus' Ruf zur Einigung und Verständigung zurück: "Laß Dein Klagen und Schrein, wider dieses Fieber hilft keine Arznei. Dieser Krieg ist unseres Herrgotts, der hat ihn erweckt und wird nit aufhören, als bis er alle Feinde seines Worts zuschanden gemacht." Die weiche Rederei des Erasmus sei nichts als Mangel an echtem Christenglauben, darum solle er abseits bleiben bei seinen verdienstlichen Arbeiten in der lateinischen und griechischen Sprache – auf gut deutsch: bei seinen humanistischen Spielereien – und mit seinen "gezierten Worten" nicht an Problemen herumfingern, die nur aus der innern Gottesgewißheit eines gläubigen und restlos gläubigen Menschen entschieden werden können. Erasmus solle, fordert Luther diktatorisch, ein für allemal davon abstehen, sich in diesen welthistorisch gewordenen Religionskampf einzumengen, "daß Du unserer Sache gewaltig genug wärest, das hat Gott noch nit gewollt und Dir noch nit gegeben". Er selber aber, Luther, fühle den Ruf und daher die Sicherheit des Gewissens: "Was und wer ich bin und auch durch was für ein Geist und Sache ich in diesen Streit gekommen bin, das befehle ich Gott, der weiß alles und daß diese meine Sache nicht durch meinen, sondern durch seinen göttlich freien Willen ist angefangen und bisher durchgeführt worden."

Damit ist der Scheidebrief geschrieben zwischen dem Humanismus und der deutschen Reformation. Das Erasmische und das Lutherische, Vernunft und Leidenschaft, Menschheitsreligion und Glaubensfanatismus, das Übernationale und das Nationale, das Vielseitige und das Einseitige, das Biegsame und das Starre können sich sowenig binden wie Wasser und Feuer. Wann immer sie auf Erden aneinandergeraten, zischt im Zorne Element gegen Element.

Luther wird niemals Erasmus verzeihen, sich öffentlich ihm entgegengestellt zu haben. Dieser kampfwütige Mann duldet kein anderes Ende eines Streits als die völlige, die unbedingte Vernichtung seines Widersachers. Während sich Erasmus mit einer einmaligen Antwort begnügt, der für seinen nachgiebigen Charakter ziemlich heftigen Schrift "Hyperaspistes", und dann wieder zu seinen Studien zurückkehrt, brennt der Haß in Luther weiter. Keinen Anlaß versäumt er, den Mann mit fürchterlichen Schmähungen zu überschütten, der in einem einzigen Punkt seiner Lehre ihm zu widersprechen gewagt, und sein, wie Erasmus klagt, "mörderischer" Haß schreckt vor keiner Verunglimpfung zurück. "Wer den Erasmus zerdrückt, der würget eine Wanze, und diese stinkt noch tot mehr als lebendig." Er nennt ihn den "grimmigsten Feind Christi", und als man ihm einmal das Bild des Erasmus zeigt, warnt er die Freunde, dies sei "ein listiger, tückischer Mann, der beider, Gott und der Religion, gespottet habe", der "Tag und Nacht Wankelworte erdenke, und wenn man meine, er habe viel gesagt, so habe er nichts gesagt". Zornig ruft er den Freunden bei Tische zu: "Das lasse ich nach mir im Testament und dazu nehme ich Euch alle als Zeugen, daß ich Erasmus für den größten Feind Christi halte, als keiner in tausend Jahr nit gewesen ist." Und schließlich versteigt er sich sogar zu dem blasphemischen Wort: "Wenn ich bete: geheiligt werde Dein Name, so fluche ich wider Erasmus und alle Ketzer, die Gott lästern und schänden."

Aber Luther, der Zornmensch, dem im Kampfe das Blut heiß in die Augen springt, ist nicht immer nur Krieger, sondern, um seiner Lehre und Wirkung willen, auch gezwungen, zeitweilig Diplomat zu sein. Wahrscheinlich haben ihn die Freunde aufmerksam gemacht, wie unklug er verfahre, mit so wüsten Beschimpfungen und Schmähungen gegen diesen alten und von ganz Europa hochgeehrten Mann loszufahren. So legt Luther das Schwert aus der Hand und nimmt den Ölzweig, er richtet ein Jahr nach seiner fürchterlichen Diatribe an diesen "höchsten Feind Gottes" einen beinahe scherzhaften Brief, in dem er sich entschuldigt, "ihn so hart angefaßt zu haben". Aber nun ist es Erasmus, der schroff eine Verständigung zurückweist. "Ich bin nicht", antwortet er hart, "von so kindischer Gemütsart, daß ich, nachdem ich mit den letzten Beschimpfungen angefallen worden bin, durch Späßchen oder durch Schmeicheleien beschwichtigt werden könnte ... Wozu dienten alle diese höhnischen Bemerkungen und niederträchtigen Lügen, ich sei ein Atheist, ein Skeptiker in Glaubenssachen, ein Gotteslästerer, und ich weiß nicht was noch alles ... Was zwischen uns beiden geschehen, ist nicht wichtig und am wenigsten für mich, der ich nahe vor meinem Tode stehe; was aber jedem anständigen Menschen so wie mir selbst zum Ärgernis wird, ist, daß durch Dein anmaßendes, schamloses und aufrührerisches Verhalten die ganze Welt zerstört wird ... und daß durch Deinen Willen dieser Sturm nicht zu jenem gütlichen Ende kommt, für das ich gekämpft habe ... Unser Handel ist eine private Sache, mich aber schmerzt die allgemeine Not und die unheilbare Verwirrung, und diese danken wir niemand anderem als Deiner unzähmbaren Art, die sich nicht führen lassen will von jenen, die Dich gut beraten ... Ich wünschte Dir eine andere Geistesart als die Deine, die Dich so sehr entzückt, Du magst mir Deinerseits alles wünschen, was Du willst, mit Ausnahme Deiner Geistesverfassung, es sei denn, daß der Herr sie ändere." Mit einer ihm sonst fremden Härte stößt Erasmus die Hand zurück, die seine Welt in Trümmer geschlagen, er will den Mann nicht mehr grüßen und kennen, der den Frieden der Kirche zerstört und den furchtbarsten "tumultus" des Geistes über Deutschland und die Welt gebracht.

Aber der Tumult ist in der Welt, und niemand kann ihm entfliehen, auch Erasmus nicht. Unruhe ist das Gesetz, das ihm vom Schicksal zugedacht ist, und immer, wenn er nach Ruhe begehrt, empört sich um ihn die Welt. Auch Basel, die Stadt, in die er um ihrer Neutralität willen geflüchtet war, wird vom Fieber der Reformation ergriffen. Die Menge stürmt die Kirchen, reißt die Bilder und Schnitzereien von den Altären, die dann vor dem Münster in drei großen Haufen verbrannt werden. Entsetzt sieht Erasmus seinen ewigen Feind, den Fanatismus, mit Flamme und Schwert um sein Haus toben. Nur der kleine Trost ist ihm gegeben in diesem Tumult: "Kein Blut ist geflossen, – möge es immer so bleiben." – Aber nun, da Basel reformierte Parteistadt geworden, will er, den alles Parteiische anwidert, nicht länger in ihren Mauern weilen. Mit sechzig Jahren übersiedelt Erasmus um seiner Arbeitsruhe willen in das stillere österreichische Freiburg hinüber, wo ihm die Bürgerschaft und die Behörden in feierlichem Zuge entgegengehen und ihm ein kaiserlicher Palast als Wohnung angeboten wird. Aber er lehnt das prunkvolle Heim ab und wählt lieber ein kleines Haus neben dem Mönchskloster, um dort still zu arbeiten und friedlich zu sterben. Kein großartigeres Symbol konnte die Geschichte schaffen für diesen Mann der Mitte, der nirgends genehm ist, weil er nirgends Partei nehmen will: aus Löwen mußte Erasmus fliehen, weil die Stadt zu katholisch war, aus Basel, weil sie zu protestantisch wird. Der freie, der unabhängige Geist, der sich keinem Dogma bindet und für keine Partei entscheiden will, hat nirgends Heimstatt auf Erden.

Das Ende

Ein sechzigjähriger Mann, müde und verbraucht, sitzt Erasmus in Freiburg wieder hinter seinen Büchern, geflüchtet – nun wie oft schon! – vor dem Andrang und der Unruhe der Welt. Immer mehr schmilzt der kleine magere Leib in sich zusammen, immer mehr ähnelt das zerfaltete zarte Gesicht mit seinen tausend Runzeln einem mit mystischen Zeichen und Runen beschriebenen Pergament, und der einst an eine Auferstehung der Welt durch den Geist, an eine Erneuerung der Menschheit durch reinere Menschlichkeit leidenschaftlich geglaubt, wird allmählich ein bitterer, spöttischer und ironischer Mann. Schrullig, wie alle alten Hagestolze, klagt er viel über den Niedergang der Wissenschaften, über die Gehässigkeit seiner Feinde, über die Teuernis und die betrügerischen Bankleute, über den schlechten und sauren Wein; immer mehr fühlt der große Enttäuschte sich fremd in einer Welt, die durchaus nicht Frieden halten will und in der täglich die Vernunft von der Leidenschaft, die Gerechtigkeit von der Gewalt gemeuchelt wird. Das Herz ist ihm längst schläfrig geworden, nicht aber die Hand, nicht aber das wunderbar klare und helle Gehirn, das wie eine Lampe steten und makellosen Lichtkreis verbreitet über alles, was in das Blickfeld seines unbestechlichen Geistes gerät. Eine einzige Freundin, die älteste, die beste, sitzt ihm treu zur Seite: die Arbeit. Tag für Tag schreibt Erasmus dreißig bis vierzig Briefe, er füllt ganze Folianten mit den Übertragungen der Kirchenväter, er ergänzt seine Kolloquien und fördert eine unabsehbare Reihe ästhetischer und moralischer Schriften. Er schreibt und wirkt mit dem Bewußtsein des Mannes, der an das Recht und die Pflicht der Vernunft glaubt, ihr ewiges Wort selbst in eine undankbare Welt zu sagen. Aber im Innersten weiß er längst: es hat keinen Sinn, in einem solchen Augenblick des Weltwahns Menschen zur Menschlichkeit aufzurufen, er weiß, seine hohe und erhabene Idee des Humanismus ist besiegt. Alles, was er gewollt, was er erstrebt, Verständigung und gütlichen Ausgleich statt wüster Kriegerei, ist gescheitert am Starrsinn der Zeloten, sein geistiger Staat, sein Plato-Staat inmitten der irdischen, seine Gelehrtenrepublik hat keine Stätte inmitten des Schlachtfelds aufgeregter Parteien. Zwischen Religion und Religion, zwischen Rom und Zürich und Wittenberg wird berserkerisch gekriegt, zwischen Deutschland und Frankreich und Italien und Spanien gehen die Feldzüge unablässig hin wie wandernde Gewitter, der Name Christi ist Feldruf geworden und Panier für militärische Aktionen. Wie lächerlich, da noch Traktate zu schreiben und die Fürsten zur Besinnung zu mahnen, wie unsinnig, noch der evangelischen Lehre Fürsprecher zu sein, seit Gottes Verwalter und Verkünder das Wort Evangelium gebrauchen wie eine Streitaxt. "Alle haben sie diese fünf Worte im Munde, Evangelium, Gottes Wort, Glaube, Christus und Geist, und doch sehe ich viele von ihnen sich so aufführen, als seien sie vom Teufel besessen." Nein, es hat keinen Sinn mehr, in einer solchen Zeit der politischen Überreizung noch weiterhin Mittler und Schlichter sein zu wollen; der erhabene Traum eines sittlich geeinigten, eines europäischen humanistischen Weltreichs, er ist zu Ende, und der ihn für die Menschheit geträumt, er selbst, Erasmus, ein alter, ein müder Mann, unnütz, weil ungehört. Die Welt geht an ihm vorüber: sie braucht ihn nicht mehr.

Aber ehe eine Kerze verlischt, flackert sie immer noch einmal verzweifelt empor. Ehe eine Idee vom Sturm der Zeit unterdrückt wird, entfaltet sie noch einmal ihre letzte Gewalt. So leuchtet noch einmal, kurz aber großartig, der erasmische Gedanke, die Idee der Aussöhnung und Vermittlung in die Stunde. Karl V., der Herr beider Welten, hat einen bedeutsamen Entschluß gefaßt. Der Kaiser ist nicht mehr der unsichere Knabe, als der er auf dem Reichstag zu Worms erschienen war. Enttäuschungen und Erfahrungen haben ihn gereift, und der große Sieg, den er soeben über Frankreich erfochten, gibt ihm endlich die notwendige Sicherheit und Autorität. Zurückgekehrt nach Deutschland, ist er entschlossen, im Religionsstreit endgültig Ordnung zu machen, die von Luther zerrissene Einheit der Kirche noch einmal, und sei es mit Gewalt, wiederherzustellen; aber statt mit Gewalt, will er es im Sinne des Erasmus durch Verständigung versuchen, zwischen der alten Kirche und den neuen Ideen einen Ausgleich zu schaffen, "ein Konzil weiser und vorurteilsloser Männer zusammenzuberufen", damit sie in Liebe und Gründlichkeit alle Argumente hören und erwägen, die zu einer einigen und erneuten christlichen Kirche führen könnten. Zu diesem Zwecke beruft Kaiser Karl V. den Reichstag nach Augsburg ein.

Dieser Reichstag von Augsburg ist einer der größten deutschen Schicksalsaugenblicke und darüber hinaus eine wahrhafte Sternstunde der Menschheit, eine jener unwiderruflichen geschichtlichen Gelegenheiten, die in sich eingefaltet den Ablauf der nächsten Jahrhunderte enthalten. Äußerlich vielleicht nicht so dramatisch wie jener zu Worms, steht dieser Reichstag zu Augsburg dem andern kaum an historisch fortwirkender Entscheidung nach. Dort wie damals geht es um die geistig-geistliche Einheit des Abendlandes.

Die Tage von Augsburg sind zuerst dem erasmischen Gedanken, jener von ihm immer und immer wieder geforderten versöhnlichen Aussprache zwischen den geistig-geistlichen Gegnern ungemein günstig. Denn beide Mächte, die alte und die neue Kirche, sind von einer Krise berührt und deshalb zu großen Zugeständnissen bereit. Die katholische Kirche hat viel von dem unnahbaren Hochmut verloren, mit dem sie im Anbeginn den kleinen deutschen Ketzer betrachtete, seit sie gewahr wurde, daß wie ein Waldbrand die Sache der Reformation den ganzen Norden Europas ergriffen hat und stündlich weiterlodert. Schon ist Holland, schon sind Schweden, schon die Schweiz, schon Dänemark und vor allem England der neuen Lehre gewonnen, überall entdecken die immer in Geldverlegenheit befindlichen Fürsten, wie vorteilhaft es ihre Finanzen fördert, die reichen Kirchengüter im Namen des Evangeliums einzuziehen; längst haben die alten Kampfmittel Roms, Bannstrahl und Exorzismus, nicht mehr die Kraft wie zu Zeiten Canossas, seit ein einzelner Augustinermönch ungestraft eine päpstliche Bannbulle auf munterem Feuer öffentlich verbrennen konnte. Am furchtbarsten aber hat das Selbstbewußtsein des Papsttums gelitten, seit der Schlüsselgewaltige von seiner Engelsburg niederblicken mußte auf ein geplündertes Rom. Der "Sacco di Roma" hat den Mut und Übermut der Kurie für Jahrzehnte verstört. Aber auch für Luther und die

Seinen sind Sorgenstunden gekommen seit den rauschenden und heroischen Tagen von Worms.

Auch im evangelischen Lager steht es schlimm mit der "lieblichen Eintracht der Kirche". Denn noch ehe es Luther gelungen ist, seine eigene Kirche als geschlossene Organisation aufzubauen, erstehen bereits Gegenkirchen, jene Zwinglis und Karlstadts, die englische Heinrichs VIII. und die Sekten der "Schwarmgeister" und Wiedertäufer. Schon hat der selbst durchaus redliche Glaubensfanatiker erkannt, daß, was er geistig gewollt, von vielen im fleischlichen Sinne verstanden und zu Nutz und Vorteil grimmig ausgebeutet wird; am schönsten spricht Gustav Freytag die Tragik von Luthers späteren Jahren aus: "Wer vom Schicksal erkoren wird, das Größte neu zu schaffen, der schlägt zugleich einen Teil des eigenen Lebens in Trümmer. Je gewissenhafter er ist, desto tiefer fühlt er den Schnitt, den er in die Ordnung der Welt gemacht, in seinem Innern. Das ist der heimliche Schmerz, ja die Reue jedes großen geschichtlichen Gedankens." Zum erstenmal zeigt sich jetzt sogar in diesem harten und sonst unversöhnlichen Menschen ein leichter Wille zur Verständigung, und seine Partner, die sonst ihm den Willen strafften und überstrafften, auch die deutschen Fürsten, sind nun vorsichtiger gesinnt, seit sie merken, daß Karl V., ihr Herr und Kaiser, wieder den Arm frei hat und mit gutem Eisen bewehrt. Vielleicht wäre es, so denkt mancher unter ihnen, doch ratsam, diesem Herrn Europas nicht als Rebell gegenüberzutreten: man könnte Kopf und Land bei starrem Beharren verlieren.

Zum erstenmal fehlt also jene furchtbare Unnachgiebigkeit, die vordem und nachdem in deutschen Glaubenssachen waltet, und durch diese Entspannung des Fanatismus ist eine ungeheure Möglichkeit gegeben. Denn gelänge Verständigung im Sinne des Erasmus zwischen der alten Kirche und der neuen Lehre, dann wäre Deutschland, wäre die Welt im Geistigen wieder geeint, der hundertjährige Glaubenskrieg, Bürgerkrieg, Staatenkrieg mit allen seinen gräßlichen Zerstörungen kultureller und materieller Werte könnte vermieden werden. Die moralische Oberherrschaft Deutschlands in der Welt wäre gesichert, die Schmach der Glaubensverfolgungen vermieden. Es müßten keine Scheiterhaufen brennen, Index und Inquisition brauchten nicht ihre grausamen Brandmale auf die Freiheit des Geistes zu drücken, unermeßliches Elend würde dem geprüften Europa erspart. Nur eine kleine Spanne eigentlich trennt mehr die Gegner. Wird sie durch gegenseitiges Entgegenkommen überwunden, so hat die Vernunft, so hat die Sache des Humanismus, so hat Erasmus noch einmal gesiegt.

Aussichtsreich für eine solche Verständigung ist außerdem diesmal der Umstand, daß die Vertretung der protestantischen Sache nicht in den unnachgiebigen Händen Luthers, sondern in jenen mehr diplomatischen Melanchthons liegt. Dieser merkwürdig weiche und edle Mann, den die protestantische Kirche als den treuesten Freund und Helfer Luthers feiert, war seltsamerweise sein ganzes Leben auch der getreue Verehrer seines großen Gegenspielers und ein unerschütterlicher Schüler des Erasmus geblieben. Gemütsmäßig steht seiner bedachtsamen Natur die humanistische und humane Auffassung der evangelischen Lehre im Sinne des Erasmus sogar näher als die harte und strenge Formung Luthers; aber stark suggestiv bezwingend wirkt auf ihn Luthers Gestalt und Gewalt. In Wittenberg, in seiner unmittelbaren Nähe, fühlt Melanchthon sich völlig dem Willen Luthers hörig und hingegeben, er dient ihm demütig mit allem Eifer seines klaren und organisatorisch denkenden Geistes. Hier aber, in Augsburg, zum erstenmal außerhalb der persönlichen Hypnose des Führers, kann sich auch der andere Teil seiner Natur, kann sich das Erasmische in Melanchthon endlich ungehemmt entfalten. Ohne Rückhalt bekennt sich Melanchthon in diesen Tagen von Augsburg zur äußersten Versöhnlichkeit, er geht mit seinen Konzessionen so weit, daß er den Fuß beinahe schon wieder in der alten Kirche hat. Die "Augsburger Konfession", von ihm persönlich ausgearbeitet, weil Luther, wie er eingesteht, "so sanft und leise nicht treten kann", enthält trotz ihrer deutlichen und kunstvollen Formulierung doch nichts grob Provokatorisches für die katholische Kirche; in der Diskussion werden wiederum wichtige Streitfragen vorsichtig mit Schweigen umgangen.

So bleibt die Prädestinationslehre, über die Luther mit Erasmus so erbittert kämpfte, unerörtert, ebenso die heikelsten Punkte, wie das göttliche Recht des Papsttums, der character indelebilis, der unablegbare Charakter des Priestertums, die Siebenzahl der Sakramente. Von beiden Seiten vernimmt man erstaunlich vermittelnde Worte. Melanchthon schreibt: "Wir verehren die Autorität des römischen Papstes und die ganze Kirchenpietät, wenn uns nur der römische Papst nicht verstößt", andrerseits erklärt ein Vertreter des Vatikans halboffiziell die Frage der Priesterehe und des Laienkelches für diskutabel. Schon erfüllt trotz aller Schwierigkeiten die Teilnehmer eine leise Hoffnung. Und wäre jetzt ein Mann von hoher moralischer Autorität, ein Mann inneren, leidenschaftlichen Friedenswillens zur Stelle, setzte er die ganze Kraft seiner vermittelnden Beredsamkeit, die Kunst seiner Logik, die Meisterschaft der sprachlichen Formulierung ein, er könnte vielleicht noch in letzter Stunde Protestanten und Katholiken, denen er beiden nahe verbunden ist, den einen durch Sympathie, den anderen durch Treue, zu einer Einigung bringen, und der europäische Gedanke wäre gerettet.

Dieser eine und einzige Mann ist Erasmus, und Kaiser Karl, der Herr beider Welten, hat ihn ausdrücklich zum Reichstag geladen, er hat vordem seinen Rat und seine Vermittlung angesprochen. Aber tragisch wiederholt sich die Form des erasmischen Schicksals, daß es diesem vorausschauenden und doch nie sich vorwagenden Manne immer nur gegeben war, welthistorische Augenblicke wie kein anderer zu erkennen und doch die Entscheidung durch persönliche Schwäche, durch eine unheilbare Mutlosigkeit zu versäumen: hier erneuert sich seine historische Schuld. Genau wie auf dem Reichstag zu Worms fehlt Erasmus auf dem Reichstag in Augsburg; er kann sich nicht entschließen, mit seiner Person vor seine Sache, seine Überzeugung zu treten. Gewiß, er schreibt Briefe, viele Briefe an beide Parteien, sehr kluge, sehr menschliche, sehr überzeugende Briefe, er sucht seine Freunde in beiden Lagern, Melanchthon und andererseits den Gesandten des Papstes, zu äußerstem Entgegenkommen zu bewegen. Aber niemals hat das geschriebene Wort in gespannter Schicksalsstunde die Kraft des blutwarmen und lebendigen Anrufs, und dann, auch Luther sendet ja aus Coburg Botschaft um Botschaft, um Melanchthon härter und unnachgiebiger zu machen, als sein inneres Wesen wollte. Zum Schluß versteifen sich neuerdings die Gegensätze, weil der rechte, der geniale

Mittler persönlich fehlt: in unzähligen Diskussionen wird der Gedanke der Verständigung wie ein fruchtbares Samenkorn zerrieben zwischen den Mühlsteinen. Das große Konzil von Augsburg zerreißt die Christenheit, die es verbinden wollte, endgültig in zwei Glaubenshälften, statt Frieden steht Zwietracht über der Welt. Hart zieht Luther seinen Schluß: "Wird ein Krieg daraus, so werde er daraus, wir haben genug geboten und getan." Und tragisch Erasmus: "Wenn Du furchtbare Wirrnisse in der Welt wirst entstehen sehen, dann denke daran, daß Erasmus sie vorausgesagt hat."

Von diesem Tage an, da seine "erasmische" Idee die letzte, die entscheidende Niederlage erlebt, ist dieser alte Mann in seinem Büchergehäuse zu Freiburg nur mehr ein unnützes Wesen, ein fahler Schatten seines einstigen Ruhmes. Und er fühlt es selbst am besten, daß ein Mann der stillen Nachgiebigkeit fehl am Ort ist "in diesem lärmenden oder, besser gesagt, tollwütigen Zeitalter". Wozu noch lang diesen gebrechlichen, gichtkranken Körper durch die aller friedlichen Gesinnung entfremdete Welt schleppen? Erasmus ist müde geworden des einst so geliebten Lebens; erschütternd bricht von seinen Lippen der flehende Anruf, "daß Gott mich doch endlich zu sich nehmen wollte aus dieser rasenden Welt!" Denn wo hat das Geistige noch eine Stätte, wenn der Fanatismus die Herzen aufpeitscht? Das hohe Reich des Humanismus, das er erbaut, ist berannt von den Feinden und halb schon erobert, vorbei sind die Zeiten der "eruditio et eloquentia", die Menschen hören nicht mehr auf das feine, das wohlerwogene Wort der Dichtung, sondern einzig auf das grobe und leidenschaftliche der Politik. Das Denken ist dem Rottenwahn verfallen, es hat sich uniformiert in Lutherisch oder Papistisch, die Gelehrten kämpfen nicht mehr mit eleganten Briefen und Broschüren, sondern werfen einander nach Marktweiberart grobe und ordinäre Schimpfworte zu, keiner will den anderen verstehen, sondern jeder dem anderen seinen Parteiglauben, seine Doktrin wie ein Brandmal gewaltsam aufpressen, und wehe denen, die abseits bleiben wollen und ihrem eigenen Bekenntnis anhängen: sie, die zwischen den Parteien und über ihnen stehen wollen, gegen sie wendet sich zweifacher Haß! Wie einsam wird es in solchen Zeiten um den, der nur am Geistigen hängt! Ach, für wen soll man noch schreiben, wenn inmitten des politischen Gebelfers und Geschreis die Ohren taub geworden sind für die feinen Zwischentöne, für die zarte und eindringliche Ironie, mit wem über die Gotteslehre theologisch disputieren, seit sie in die Hände der Doktrinäre und Zeloten gefallen ist, die als letztes und bestes Argument ihres Rechthabens die Soldateska aufrufen, die Reiterhaufen und die Kanonen? Eine Treibjagd gegen Andersdenkende und Freidenkende hat begonnen, die Diktatur der Einseitigkeit: mit Morgensternen und Henkersschwertern glaubt man dem Christentum zu dienen, und gerade die Geistigsten, die Kühnsten unter den Bekennern ergreift die roheste Gewalt. Der Tumult ist gekommen, den er vorausgesagt; aus allen Ländern schmettern Schreckensbotschaften in sein verzweifeltes und müdes Herz. In Paris hat man seinen Übersetzer und Schüler Berquin an langsamem Feuer verbrannt, in England seinen geliebten John Fisher und Thomas Morus, seine edelsten Freunde, unter das Beil geschleppt (selig, wer die Kraft hat, für seinen Glauben Märtyrer zu sein!), und Erasmus stöhnt, da er die Botschaft vernimmt: "Mir ist es, als sei ich in ihnen selber gestorben." Zwingli, mit dem er oftmals Briefe und freundliche Worte gewechselt, haben sie erschlagen auf dem Schlachtfeld von Kappel, Thomas Münzer zu Tode gefoltert mit Torturen, wie sie Heiden und Chinesen nicht grimmiger erdenken könnten. Den Wiedertäufern reißen sie die Zunge aus, die Prediger zerfleischen sie mit glühenden Zangen und rösten sie am Ketzerpfahl, sie plündern die Kirchen, sie verbrennen die Bücher, sie verbrennen die Städte. Rom, die Herrlichkeit der Welt, haben die Landsknechte verwüstet – o Gott, welche bestialischen Instinkte toben sich in Deinem Namen aus! Nein, die Welt hat keinen Raum mehr für Freiheit des Denkens, für Verständnis und Nachsicht, diese Urgedanken der humanistischen Lehre. Die Künste können nicht gedeihen auf so blutigem Boden, vorbei ist für Jahrzehnte, für Jahrhunderte, vielleicht sogar für immer die Zeit übernationaler Gemeinschaft, und auch das Latein, diese letzte Sprache des geeinten Europas, die Sprache seines Herzens stirbt ab: so stirb auch du, Erasmus!

Aber Verhängnis seines Lebens, noch einmal, jedoch jetzt zum letztenmal, muß dieser ewige Nomade abermals auf die Wanderschaft. Noch einmal mit fast siebzig Jahren flüchtet er plötzlich aus Heim und Haus. Ein ganz unerklärbares Verlangen hat ihn überfallen, Freiburg zu verlassen und nach Brabant zu ziehen, der Herzog hat ihn dorthin berufen, aber im tiefsten ruft ihn ein anderer: der Tod. Eine geheimnisvolle Unruhe hat sich seiner bemächtigt, und der sein ganzes Leben als Kosmopolit, als bewußt Heimatloser verbracht, empfindet ein ängstlich liebevolles Bedürfnis nach heimischer Erde. Der müde Leib will zurück, von woher er gekommen, eine Ahnung in ihm weiß, die Fahrt geht zu Ende.

Aber er gelangt nicht mehr ans Ziel. In einer kleinen Reisekutsche, wie sie sonst nur für Frauen gebraucht werden, hat man den Hinfälligen nach Basel gebracht, dort will der alte Mann noch einige Zeit lang ruhen und warten, bis das Eis bricht und er mit dem Frühling nach Brabant in die Heimat fahren kann. Basel hält ihn inzwischen fest, hier ist noch immer etwas geistige Wärme, hier leben noch immer einige Getreue, Frobens Sohn, Amerbach und andere. Sie sorgen für bequeme Unterkunft des Kranken, sie nehmen ihn zu sich, und auch die alte Druckerei steht noch da, er kann wieder beglückt die Verwandlung des gedachten und geschriebenen ins gedruckte Wort mitleben, den fetten Geruch der Presse atmen, die schönen, klar gedruckten Bücher in Händen halten und mit ihnen, den wunderbar stillen, den herrlich friedfertigen, belehrende Zwiesprache führen. Ganz still und abgeschlossen von der Welt, zu müde, zu kraftlos schon, um das Bett mehr als vier oder fünf Stunden des Tages zu verlassen, verbringt Erasmus seine letzte Lebenszeit in innerem Frost. Er hat das Gefühl, vergessen zu sein und verfemt, denn die Katholiken werben um ihn nicht mehr und die Protestanten verhöhnen ihn, niemand braucht ihn mehr, niemand fordert sein Urteil und seinen Spruch. "Meine Feinde mehren sich, meine Freunde schwinden", klagt verzweifelt der Einsame, für den humaner geistiger Umgang das Schönste und Beglückendste des Lebens gewesen.

Aber siehe: noch einmal klopft wie eine verspätete Schwalbe an die schon winterlich überfrosteten Fenster ein Wort der Ehrfurcht und des Grußes in seine Verlassenheit. "Alles, was ich bin und tauge, habe ich einzig von Dir, und wenn ich dies nicht einbekennen würde, wäre ich ja der undankbarste Mensch aller Zeiten. Salve itaque etiam atque etiam, pater amantissime, pater decusque patriae, litterarum assertor, veritatis propugnator invictissime. Gruß und noch einmal Gruß, geliebter Vater und Ehre des Vaterlandes, Schutzgeist der Künste, unbezwingbarer Kämpfer für die

Wahrheit." Der Name des Mannes, der diese Worte schreibt, wird den seinen überleuchten; es ist François Rabelais, der im Morgenrot seines jungen Ruhms das Abendlicht des sterbenden Meisters grüßt. Und dann kommt noch ein anderer Brief aus Rom. Ungeduldig öffnet ihn Erasmus, der Siebzigjährige, bitter lächelnd legt er ihn aus der Hand. Spottet man nicht seiner? Der neue Papst bietet ihm einen Kardinalshut an mit den reichsten Pfründen, ihm, der alle Stellen dieser Welt um der Freiheit willen sein Leben lang verächtlich gemieden. Mit Überlegenheit lehnt er die fast kränkende Ehrung ab. "Soll ich, ein sterbender Mann, Bürden auf mich nehmen, die ich zeitlebens zurückgewiesen habe?" Nein, frei sterben, wie man frei gelebt! Frei und im bürgerlichen Kleid, ohne Abzeichen und irdische Ehren, frei wie alle Einsamen und einsam wie alle Freien.

Die ewige, die treueste Freundin aller Einsamkeit und ihre beste Trösterin, die Arbeit aber, sie bleibt bis zur letzten Stunde bei dem Kranken. Mit von Schmerz gekrümmtem Leibe, im Bett liegend und mit zittrigen Händen, schreibt und schreibt Erasmus Tag und Nacht an seinem Kommentar zum Origenes, an Broschüren und Briefen. Er schreibt nicht um des Ruhmes mehr, nicht um des Geldes willen, sondern einzig um der geheimnisvollen Lust, durch Vergeistigung des Lebens zu lernen und durch Lernen wieder stärker zu leben, Wissen einzuatmen und Wissen auszuatmen; nur diese ewige Diastole allen irdischen Daseins, nur dieser Kreislauf hält sein Blut noch in Gang. Tätig bis zum letzten Augenblick, entflüchtet er durch das heilige Labyrinth der Arbeit einer Welt, die er nicht anerkennt und versteht, einer Welt, die ihn nicht mehr anerkennen und verstehen will. Endlich tritt der große Friedensbringer an sein Bett. Und nun er nahe ist, der Tod, den Erasmus ein Leben lang so über alle Maßen gefürchtet, nun blickt der Müdegewordene ihm still und fast dankbar entgegen. Noch bleibt sein Geist hell bis zum Abschied, noch vergleicht er die Freunde, die sein Lager umstehen, Froben und Amerbach, mit den Freunden Hiobs, und unterhält sich mit ihnen im geschmeidigsten und geistreichsten Latein. Aber dann, in letzter Minute, da ihm Atemnot schon die Kehle würgt, geschieht ein Sonderbares: er, der große humanistische Gelehrte, der sein ganzes Leben lang nur Latein geredet und gesprochen, vergißt plötzlich diese gewohnte und ihm selbstverständliche Sprache. Und in der Urangst der Kreatur stammeln die erstarrenden Lippen plötzlich das kindgelernte heimatliche "lieve God", das erste Wort und das letzte seines Lebens finden sich im gleichen niederdeutschen Laut. Und dann noch ein Atemzug, und er hat, was er für die ganze Menschheit zutiefst ersehnte: den Frieden.

Das Vermächtnis des Erasmus

In Florenz erscheint zur gleichen Zeit, da der sterbende Erasmus sein geistiges Vermächtnis europäischer Eintracht den kommenden Geschlechtern als edelste Aufgabe hinterläßt, eines der entscheidendsten und verwegensten Bücher der Weltgeschichte, der berüchtigte "Principe" des Nicolo Machiavelli. In diesem mathematisch klaren Lehrbuch rücksichtsloser Macht- und Erfolgspolitik ist das Gegenprinzip des Erasmischen handgreiflich wie in einem Katechismus formuliert. Während Erasmus von den Fürsten und Völkern fordert, sie sollten ihre persönlichen, ihre egoistisch-imperialistischen Ansprüche freiwillig und friedlich der brüderlichen Gemeinschaft der ganzen Menschheit unterordnen, erhebt Machiavelli den Machtwillen, den Kraftwillen jedes Fürsten, jeder Nation zum obersten und einzigen Ziel ihres Denkens und Handelns. Alle Kräfte einer Volksgemeinschaft haben dem Volksgedanken mit der Hingabe einer religiösen Idee zu dienen, Staatsraison, äußerste Entfaltung der eigenen Individualität, muß für sie der einzig sichtbare Selbstzweck und Endzweck aller historischen Entwicklung sein und ihre rücksichtslose Durchsetzung die höchste Aufgabe innerhalb des Weltgeschehens; für Machiavelli sind Macht und Machtentfaltung der letzte Sinn, für Erasmus die Gerechtigkeit.

Damit sind für alle Zeiten die zwei großen und ewigen Grundformen aller Weltpolitik in geistige Form gegossen, die praktische und die ideale, die diplomatische und die ethische, Staatspolitik und Menschheitspolitik. Für Erasmus, den philosophischen Weltbetrachter, gehört im Sinne Aristoteles', Platos und Thomas' von Aquino die Politik in die Kategorie der Ethik: der Fürst, der Staatslenker hat vor allem Diener des Göttlichen, Exponent sittlicher Ideen zu sein. Für Machiavelli, den berufsmäßigen, mit dem praktischen Betrieb der Staatskanzleien vertrauten Diplomaten, stellt dagegen Politik eine amoralische und völlig selbständige Wissenschaft dar.

Sie hat mit Ethik ebensowenig zu schaffen wie Astronomie und Geometrie. Der Fürst und der Staatslenker haben nicht von der Menschheit zu träumen, diesem vagen und unübersehbaren Begriff, sondern völlig unsentimentalisch mit Menschen zu rechnen, als dem einzig sinnlich gegebenen Material, und deren Kräfte und Schwächen mit äußerster Anspannung der Psychologie für sich und ihre Nation auszunützen; klar und kalt haben sie ebensowenig wie ein Schachspieler Rücksicht und Nachsicht auf ihre Gegner zu nehmen, sondern mit allen Mitteln, erlaubten wie unerlaubten, ihrem Volk das höchste erreichbare Maß an Vorteil und Vorherrschaft zu gewinnen. Macht und Machterweiterung sind für Machiavelli die oberste Pflicht, und Erfolg das entscheidende Recht eines Fürsten, eines Volkes.

Im realen Raum der Geschichte hat selbstverständlich die das Prinzip der Gewalt verherrlichende Auffassung Machiavellis sich durchzusetzen gewußt. Nicht die ausgleichende und versöhnende Menschheitspolitik, nicht "das Erasmische", sondern die jede Gelegenheit entschlossen nützende Hausmachtpolitik im Sinne des "Principe" hat seitdem die dramatische Entwicklung der europäischen Geschichte bestimmt. Ganze Geschlechter von Diplomaten haben ihre kalte Kunst aus dem politischen Rechenbuche des grausam scharfsichtigen Florentiners gelernt, mit Blut und Eisen sind die Grenzen zwischen den Nationen eingezeichnet und immer wieder neu umgezeichnet worden. Das Gegeneinander und nicht das Miteinander hat die leidenschaftlichsten Energien in allen Völkern Europas herausgezwungen. Niemals dagegen hat bisher der erasmische Gedanke Geschichte gestaltet und sichtbaren Einfluß genommen auf die Formung des europäischen Schicksals: der große humanistische Traum von der Auflösung der Gegensätze im Geiste der Gerechtigkeit, die ersehnte Vereinigung der Nationen im Zeichen gemeinsamer Kultur ist Utopie geblieben, unerfüllt und vielleicht nie erfüllbar innerhalb unserer Wirklichkeit.

Aber in der geistigen Welt haben alle Gegensätze Raum: auch was im Wirklichen niemals sieghaft in Erscheinung tritt, bleibt dort wirksam als dynamische Kraft, und gerade die unerfüllten Ideale erweisen sich als die unüberwindlichsten. Eine Idee, die nicht in Erscheinung tritt, ist darum weder besiegt noch als falsch erwiesen, eine Notwendigkeit, auch wenn sie verzögert wird, nicht minder notwendig; im Gegenteil, nur Ideale, die sich nicht durch Realisierung verbraucht oder kompromittiert haben, wirken in jedem neuen Geschlecht als Element sittlichen Auftriebs fort. Nur sie, die nie noch erfüllten, haben ewige Wiederkehr. Darum bedeutet es im Geistigen keine Entwertung, daß das humanistische, das erasmische Ideal, dieser erste sichtbare Versuch einer europäischen Verständigung, nie zur Herrschaft und kaum jemals zu einer politischen Wirkung gelangte: es liegt nicht im Wesen des Willens zur Überparteilichkeit, jemals Partei und Majorität zu werden, und kaum ist zu erhoffen, jene heiligste und höchste Lebensform goethischer Gelassenheit könne jemals Form und Inhalt der Massenseele werden. Jedes humanistische, auf Weite des Weltblicks und Helligkeit des Herzens gestufte Ideal ist bestimmt, ein geistes-aristokratisches zu bleiben, wenigen gegeben und von diesen wie ein Erbgut von Geist zu Geist, von Geschlecht zu Geschlecht verwaltet, aber niemals wird andererseits dieser Glaube an ein künftiges Gemeinschaftsschicksal unserer Menschheit irgendeiner Zeit, und sei sie auch die verwirrteste, völlig abhanden kommen. Was Erasmus, dieser enttäuschte und doch nicht zu enttäuschende alte Mann, mitten im Wirrsal der Kriege und der europäischen Verzwistung als Vermächtnis hinterließ, war nichts als der erneute uralte Wunschtraum aller Religionen und Mythen von einer kommenden und unaufhaltsamen Vermenschlichung der Menschheit und von einem Triumph der klaren und gerechten Vernunft über die eigensüchtigen und vergänglichen Leidenschaften: mit unsicherer und oft verzagter Hand zum erstenmal pragmatisch hingezeichnet, hat dieses Ideal mit immer wieder neuer Hoffnung den Blick von zehn und zwanzig Generationen Europas belebt. Nichts, was klaren Geistes und aus reiner sittlicher Kraft jemals gedacht und gesagt wurde, ist völlig vergeblich; auch von schwacher Hand und nur unvollkommen geformt, regt es den sittlichen Geist zu immer wieder erneuter Formung an. Es wird der Ruhm des im irdischen Raum besiegten Erasmus bleiben, dem Humanitätsgedanken literarisch den Weg in die Welt gewiesen zu haben, diesem einfachsten und zugleich ewigen Gedanken, daß es höchste Aufgabe der Menschheit sei, immer humaner, immer geistiger, immer verstehender zu werden. Nach ihm spricht sein Schüler Montaigne, dem die "Unmenschlichkeit das schlimmste aller Laster" bedeutet, "que je n'ay point le courage de concevoir sans horreur", die

Botschaft der Einsicht und Nachsicht weiter. Spinoza fordert statt der blinden Leidenschaften den "amor intellectualis", Diderot, Voltaire und Lessing, Skeptiker und Idealisten zugleich, sie kämpfen gegen jene Eingeschränktheit der Gesinnung zugunsten einer allverstehenden Toleranz. In Schiller ersteht die Botschaft des Weltbürgertums dichterisch beschwingt, in Kant die Forderung des ewigen Friedens, immer wieder bis zu Tolstoi, Gandhi und Rolland verlangt der Geist der Verständigung mit logischer Kraft sein sittliches Recht neben dem Faustrecht der Gewalt. Immer wieder bricht der Glaube an eine mögliche Befriedung der Menschheit gerade in den Augenblicken eifervollster Verzwistung durch, denn die Menschheit wird nie und niemals leben und schaffen können ohne diesen tröstlichen Wahn eines Aufstiegs ins Sittliche, ohne diesen Traum einer letzten und endlichen Verständigung. Und mögen die klugen und kalten Rechner immer wieder von neuem die Aussichtslosigkeit des Erasmischen erweisen und mag die Wirklichkeit ihnen abermals und abermals recht zu geben scheinen: immer werden jene vonnöten sein, die auf das Bindende zwischen den Völkern jenseits des Trennenden hindeuten und im Herzen der Menschheit den Gedanken eines kommenden Zeitalters höherer Humanität gläubig erneuern. In diesem Vermächtnis wirkt schöpferisch eine große Verheißung. Denn nur was den Geist über den eigenen Lebensraum ins Allmenschliche weist, schenkt dem einzelnen Kraft über seine Kraft. Nur an den überpersönlichen und kaum erfüllbaren Forderungen fühlen Menschen und Völker ihr wahres und heiliges Maß.